胡庆芳　杨翠蓉　等◎编著

有效情境创设的40项设计

华东师范大学出版社
·上海·

图书在版编目(CIP)数据

有效情境创设的 40 项设计/胡庆芳等编著. —上海:华东师范大学出版社,2017

(教育转型视野下的课堂热点丛书)

ISBN 978 - 7 - 5675 - 6980 - 5

Ⅰ.①有… Ⅱ.①胡… Ⅲ.①课程设计-教学研究 Ⅳ.①G423

中国版本图书馆 CIP 数据核字(2017)第 249310 号

教育转型视野下的课堂热点丛书
有效情境创设的 40 项设计

编　　著	胡庆芳　杨翠蓉等	策划编辑	彭呈军
组稿编辑	白锋宇	特约审读	李　莎
责任校对	郭　琳	版式设计	崔　楚
装帧设计	陈军荣　倪志强		

出版发行	华东师范大学出版社
社　　址	上海市中山北路 3663 号　　邮　编　200062
网　　址	www.ecnupress.com.cn
电　　话	021 - 60821666　　行政传真　021 - 62572105
客服电话	021 - 62865537
门市(邮购)电话	021 - 62869887
地　　址	上海市中山北路 3663 号华东师范大学校内先锋路口
网　　店	http://hdsdcbs.tmall.com

印 刷 者	南通印刷总厂有限公司	开　本	787×1092　16 开
印　　张	14.5	字　数	246 千字
版　　次	2018 年 1 月第 1 版	印　次	2021 年 5 月第 5 次
书　　号	ISBN 978 - 7 - 5675 - 6980 - 5/G • 10655	定　价	36.00 元

出版人　王　焰

(如发现本版图书有印订质量问题,请寄回本社客服中心调换或电话 021 - 62865537 联系)

序 感受教育的脉搏：创新驱动，转型发展 / I

第一章 / 001
情境学习理论渊源及流派

第一节 情境学习理论渊源 / 003
第二节 情境学习理论流派 / 006

第二章 / 009
情境学习理论与课程改革

第一节 情境学习理论的基本观点 / 011
第二节 情境学习理论在课程改革中的应用 / 017

第三章 / 023
情境教学的行动研究

第一节 生动的行动研究过程 / 025
第二节 渐进的情境设计优化 / 032
第三节 丰富的观课参与体会 / 043

第四章 / 049

情境设计的范例诠释

案例1：生活情境拨动亲情心弦 / 051

案例2：图示情境揭示历史谜题 / 054

案例3：故事情境化为数学表达 / 057

案例4：故事情境引导语言表达 / 060

案例5：表演情境彰显人物性格 / 064

案例6：抢答情境盘活文学知识 / 068

案例7：类比情境辅助概念理解 / 073

案例8：问题情境指向知识联系 / 076

案例9：问题情境引导知识应用 / 079

案例10：对话情境促进异同辨析 / 084

案例11：直观情境辅助语言表达 / 088

案例12：娱乐情境激发学习兴趣 / 094

案例13：音乐情境检验新知表达 / 099

案例14：实验情境促进知识建构 / 102

案例15：实验情境助力定律验证 / 106

案例16：实验情境暗示物理定律 / 111

案例17：实验情境建构认知冲突 / 114

案例18：任务情境引发活学活用 / 118

案例19：数据情境驱动问题学习 / 122

案例20：悬疑情境揭开新知面纱 / 126

案例21：纪实情境还原历史真相 / 130

案例22：图片情境增加想象空间 / 136

案例23：调研情境奠基价值认同 / 140

案例24：实作情境搭桥概念学习 / 144

案例25：想象情境激活文本内容 / 148

案例26：案例情境隐含明理践行 / 151

案例27：案例情境驱动话题研讨 / 155

案例28：图表情境显示分数意义 / 159

案例29：图画情境展现搭配组合 / 163

案例30：趣味情境注入运算活力 / 167

案例31：魔术情境展开物理追因 / 171

案例32：热议情境巧搭函数关系 / 174

案例33：实物情境转换数学表达 / 178

案例34：音乐情境增进阅读体验 / 181

案例35：游览情境串联语言表达 / 185

案例36：事例情境辅助概念理解 / 189

案例37：数字情境换用英语表达 / 194

案例38：材料情境还原历史真相 / 200

案例39：诗意情境助兴乐曲鉴赏 / 205

案例40：线条情境凸显变化趋势 / 210

后记 / 217

序

感受教育的脉搏:创新驱动,转型发展

在传统课堂教学实践中,知识本位和理性至上的价值取向比较明显,教师主要是按照学科的结构传递学科的课程,学生主要是最大限度地接受制度化的学科内容,教师与学生在这种模式的教学过程中逐渐失去了主体间性的主动以及主体的作为,而共同演绎着的更多是被动与异己的存在。教师成为制度化课程的教学机器,学生成为被填充的容器,"知识的在场"和"人的缺席"成为传统课堂教学的奇异景观,教学的人文关怀被忽视。课堂教学往往始于教师精心设计过程行进的路线图,并具体细化为一步步细致且环环相扣的小步子,然后经由教师付诸于课堂精确无误的演绎实施,最终达到预定的认知目的地。教学的标准化和机械化让师生一起远离了创造与活力。与此同时,社会传统文化中规训与服从的基因也惯性地渗透进课堂,加深了课堂教学文化对学生学习创造性和个性化的桎梏,在"师道尊严"的文化恪守中,学生逐渐被训练成课本知识的奴隶和功利应试的机器。

我国的基础教育课程改革现已进入到了改革的"深水区","理想的课程目标越来越需要通过富有创造性的课堂实践来加以实现"。但据2009年全国大样本的调查发现,我国基础教育的课堂教学实践与新课程理念的精神实质尚存在不小的距离和落差,大多数教师还比较习惯于传统的教学方法,"穿新鞋走老路"的现象还时有发生。基于基础教育新课程目标的课堂教学转型刻不容缓,势在必行!

在面向新世纪又一个10年的重要关头,我国政府制定出台了《国家中长期教育改革和发展规划纲要(2010—2020年)》,明确提出了课堂教学要从学生学习的实际出发,充分发挥学生学习的主动性,积极回应学生多方面、个性化的学习需求,从而有效促进每个学生主动的、生动活泼的发展。在2011年教育部颁布的中小学及幼儿园三个专业标准的文件中,都把"学生为本"作为基本理念,积极倡导教师的教学实践从传统的以教师为中心转向当今的以学生为本,从而把新课程的理念落实到具体的教育教学行为之中。这为当前基础教育的课堂教学转型指明了方向。

在课程改革的潮流中，近年来也涌现出了一批在当地乃至全国业已产生较大影响的课堂教学转型的典型。如，山东杜郎口中学的"336"学生自主学习模式，突出立体式、大容量和快节奏的教学要求，强化预习、展示和反馈的功能，推行预习交流、明确目标、分组合作、展现提升、穿插巩固和达标测评的教学环节。又如，江苏洋思中学的"先学后教，当堂练习"的教学模式，追求当堂课的内容学生在课堂上完全自我解决，当堂消化，教师不再留课外作业，切实实现减负增效。再如，上海市静安区教育学院附属学校"后茶馆式教学"的模式，着力建设"读读、议议、练练、讲讲、做做"的宽松教学文化。改革成功的范例不一而足，但是它们创造性的先行实践已经为课堂教学的转型做了生动的注脚。成功的课堂实践，教育的真谛和智慧富含其中，"深入课堂进行实证的剖析"成为探索课堂教学转型有效模式的现实选择。

纵观近些年来有关课堂教学转型的研究，理论界主要有如下几派的观点：第一，文化重构说。即在教学理念上，推崇人的成长发展重于知识本身的掌握；在学习方式上，追求学习主体的建构重于知识本身的结构；在师生关系上，强调学生的主体作用先于教师的主导作用。第二，学习增值说。即课堂教学就是要促使学生学习的增值，其中包括动力值（更想学）、方法值（更会学）、数量值（达成多）和意义值（对学生个人的成长发展具有长远意义）。第三，以学定教说。即课堂的教学始于对学生学情的把握，学生原有的学习基础、当堂课学习的疑难困惑以及真正的兴趣所在等一起构成课堂教学的形态与结构。这些观点从不同的角度诠释了课堂教学转型的实质与重点。

为了每一个孩子幸福快乐的成长，为了给每一个孩子的成功成才奠基，变革创新的情怀永远激励着热爱教育的人们不断追逐更高、更远、更美的梦想！

《教育转型视野下的课堂热点丛书》正是扎根基础教育的沃土，汲取实践智慧的营养，力争真实鲜活地呈现草根实践、田野研究的丰富成果，零距离地服务广大一线教师：分享经验，拓宽视野，启迪智慧！

《教育转型视野下的课堂热点丛书》主要面向中小学第一线的广大教师、教研室教研员、教育研究机构的研究人员以及教师培训机构的培训工作人员。本丛书将集中推出一批以课堂教学的生动实践为特色的系列主题。

希望并期待本套丛书的出版能实现我们和谐奋进的研究团队的良好初衷！

胡庆芳
2014 年国庆于上海

第一章

情境学习理论渊源及流派

第一节 情境学习理论渊源

20世纪80年代末,教育心理学界的一些学者对当时的学校教育感到不满,认为学校中学到的知识是一种抽象的惰性知识,很难用于实践。同时他们受到认知科学、生态心理学、人类学以及社会学等学科的共同影响,注意到情境在学习中的作用,学习研究逐渐从个体学习转向情境学习。实际上在20世纪50年代,情境学习理论已初现端倪,在皮亚杰、维果茨基的理论与思想中可以看见情境学习理论的身影。

一、皮亚杰发生认识论的基本观点①

皮亚杰的发生认识论认为,人能够积极理性地学习,即使是儿童。儿童具有主观能动性,他们在自身经验的基础上,在与环境、与他人的相互作用过程中,通过同化与顺应建构、获得知识。例如,幼儿通过拼装玩具获得对平面几何形状的认识。由此,皮亚杰认为只有通过经验与实践学到的知识才是活的、有用的知识,教师在课堂中向学生传授的知识是一种惰性知识,是死的、无用的知识。

皮亚杰的发生认识论还提到认知冲突对于学习的重要性。他指出认知冲突是由于成员意

---

① 吴庆麟,胡谊.教育心理学:献给教师的书[M].上海:华东师范大学出版社,2003:28—33.

见不同导致个体认知失衡,产生焦虑、紧张等消极情绪。为减少消极情绪,达到认知平衡,个体需要理解他人的观点,并在逻辑上比较两种观点的价值。皮亚杰和他的追随者们把合作过程看成是产生有成效的个体认知冲突的过程。他们强调只有处于同样认知水平的同伴之间的地位是平等的,才能使同伴大胆地提出自己的观点并质疑别人的观点。这些有差异的观点与认识的碰撞,激起各自内部的认知冲突,而这种认知冲突的解决将会引起个体内部知识的重新建构。

二、维果茨基社会文化论的基本观点[①]

维果茨基认为儿童行为的形成、知识经验的获得是受社会文化、历史发展以及社会规律制约的结果。儿童在社会文化的影响下,在与人的交往过程中逐步获得了语言符号,而语言符号的掌握表明获得了发展高级心理功能(如知识、行为系统)的有用工具。

语言是维果茨基认知发展观点的核心。第一,他认为语言是儿童认识与理解世界的工具,也是一种思维工具,它使得儿童能对世界进行思考,能建构关于世界的知识。第二,维果茨基还提出语言是儿童进行社会交往与活动的工具。儿童在与成年人的交流过程中,成人的解释、指导、反馈是通过语言得以实现的,同伴的游戏、合作等也是通过语言得以实现的,因此儿童通过"活动"中的言语交流使得知识、行为得以发展。第三,维果茨基还认为语言是一种自我调控与反思的工具。个人"自言自语"式的外在言语是个人言语内化的先兆,个人言语是引导个体思维与行为的自我谈话,是形成复杂认知技能的基础。

维果茨基的社会文化论强调儿童与成人之间的言语交流、同伴之间的言语交流,它们往往是在共同合作完成任务的过程,即合作学习中出现的。维果茨基认为合作学习的核心概念是最近发展区。最近发展区是"独立解决问题确定的实际发展水平与通过成人指导或与更有能力的同伴合作完成问题解决确定的潜在发展水平之间的距离"。维果茨基把合作看成是由更有能力的同伴示范、提供脚手架以支持帮助能力差一些的同伴的过程。提供帮助的学生能更好地理解需要帮助同学的问题所在,并能用熟悉的可接受的言语进行解释。当这种行为出现时,就发生

---

① 吴庆麟,胡谊.教育心理学:献给教师的书[M].上海:华东师范大学出版社,2003:41—44.

了在最近发展区内的教与学的活动。

　　皮亚杰与维果茨基都看到儿童与环境互动、言语、合作对个体认知发展的作用,只是皮亚杰强调相同水平同伴间的认知冲突对于学习的影响,而维果茨基侧重于不同水平同伴间的认知支持。他们的观点对后来的情境学习研究者产生了重大启示。

第二节　情境学习理论流派

20世纪80年代,由于对学校教育的不满,雷斯尼克(L. B. Resnick)发表演说"学校内外的学习",对学校内的学习和学校外的学习进行了对比,并提出应该加强校内学习与校外学习的结合。雷斯尼克的观点极大地推动了情境理论研究的开展。1989年,布朗(J. Brown)、柯林斯(A. Collins)与杜吉德(P. Duguid)发表了著名的论文——《情境认知与学习文化》,比较系统地论述了情境认知与学习理论,提出了知识具有情境性的观点和情境学习模型。1991年,莱夫(J. Lave)与温格(E. Wenger)出版了书籍《情境学习:合法的边缘性参与》,通过研究从业者(如裁缝、产婆等)的学习,对"学徒模式"进行反思,提出了"合法的边缘性参与"的观点,认为学习是参与社会文化的实践①。不难发现,布朗等人与莱夫等人是从不同视角提出不同的"情境中学习"的认识,体现为情境学习的两个流派②。

一、心理学视角下的情境认知流派

布朗、柯林斯与杜吉德等认知科学研究工作者在提及情境与学习的关系时运用了"情境认知"的概念,他们关注社会层面的认知,主要研究认知与知识的情境性。他们采取学习环境的建

---

① 贾义敏,詹春青.情境学习:一种新的学习范式[J].开放教育研究,2011,17(5):29—39.
② 王文静.理解实践:活动与情境的观点[J].全球教育展望,2001(5):48—53.

构视角,将认知研究的关注点从情境中的个人转向人与情境,将个体认知置于物理与社会情境中,关注人与情境的互动。

情境认知研究主要关注学校情境下的学习,关注达到特定的学习目标和学会特定的内容,重点研究真实学习活动中情境化的内容。布朗等人在其情境认知理论中提及一些代表性的观点,如学习与认知的情境性;概念是情境性的,又是通过活动和运用不断发展的;等等。如果阅读专家对词汇的理解是情境化、条件化的,那么他在不同体裁、不同内容的主题阅读过程中会不断修订、丰富同一概念的内涵。麦克莱兰(H. McLellan)则构建了心理学研究领域的情境学习模型,认为情境学习模型包含以下要素:故事、反思、认知学徒制、合作、辅导、多种实践、清晰表述学习技能与技术。

二、人类学视角下的情境学习流派

莱夫与温格则从人类学视角认识情境、知识与认知,提出情境学习这一理论观点。情境学习与情境认知一样,同样非常关注活动、情境等因素,但由于情境学习受生态心理学、认知人类学等理论(尤其是人类学的传统批判理论与维果茨基的社会文化理论)的影响,它不关心知识的情境性,更为关注学习者在实践共同体中的社会参与特征,关注学习者协调系列行为,适应动态变化发展的环境的能力。

情境学习的分析单元已从个体转向共同体,分析内容已从知识、技能的发展转向"形成一种作为共同体成员的身份,成为知识化的有技能的人"。"学习是合法的边缘性参与"观点正是表现出人类学者强调的学习要与其所发生的活动、境脉和文化联系在一起的思想。个体在实践共同体中发展出什么身份,也就意味着他们认识什么以及将怎么吸收知识。总之,在维果茨基社会文化理论影响下,情境学习流派的学者认为学校学习就是一个学习者文化适应的过程,学习主题应是促进文化的代际传递及学生的文化适应。

虽然情境认知与情境学习是从不同学科视角出发阐述对情境中学习的认识,但它们关注的焦点都是一样的,即:情境、活动与知识的互动,都有助于理解与丰富"情境中的学习"。为方便更好地理解情境学习在学校教育中的应用,本书以"情境学习理论"统一表示上述两大流派。

第二章

情境学习理论与课程改革

第一节　情境学习理论的基本观点

情境学习理论对学习的认识明显不同于行为主义学习理论和认知主义学习理论,其"知识观"、"学习观"、"评价观"、"师生观"等均打上了"情境"色彩①②。

一、情境学习理论的知识观

情境学习理论的研究者反对认知主义者的知识观——知识是抽象的符号表征,认为将知识看成是整体的、固定不变的概念、理论等,会让知识成为一种惰性知识,学生很难活学活用。他们观察小贩、裁缝等从业者在日常工作中运用知识、技能的情况后提出,知识是具有情境性的,知识是活动、背景和文化产品的一部分。知识正是在活动中、在丰富的情境中不断地被运用和发展着,即知识具有情境性、灵动性的特点。

1. 知识的情境性

布朗、柯林斯与杜吉德提出,知识是活动、背景和文化产品的一部分,它产生于活动和情境,是情境中的认知产物,是活动中的认知产物。知识只有置于一定情境中才有意义,才能够被理解;离开具体情境,则很难形成对知识的准确理解;知识也会随着情境的变化而发生变化,呈现

---

① 王文静.理解实践:活动与情境的观点[J].全球教育展望,2001(5):48—53.
② 巩子坤,李绅.论情境认知理论视野下的课堂情境[J].课程·教材·教法,2005(8):26—29,53.

出不同的具体含义。

学习者在与情境的互动过程中了解、体验知识的含义。情境分为物理情境与社会情境。学习者在与物理情境的互动中,即在知识应用的场景中形成对知识的具体认识。例如,关于知识点"植物生长的土壤条件",教材中罗列的植物生长条件较简单、抽象,教师在课堂中对植物生长条件的讲授脱离了具体情境,因此学生通过课堂学习仍很难理解碱性土壤与酸性土壤的定义。但通过对杜鹃、栀子花进行栽种,学生认识到酸性土壤是指 pH 小于 7 的土壤,能提供植物生长所需的多种营养;不仅能辨别酸性土壤与碱性土壤在外观上的区别,还能有效制作酸性土壤。学生在不同情境中会形成对知识的具体认识,如心理学工作者通常将样本称为"被试",而教育学、人类学、社会学工作者通常将样本称为"研究对象"。学生在与社会情境的互动中也会形成对知识的具体认识,这是因为知识存在于个体与群体的互动中,以及群体成员间的互动中。人们发现在交谈过程中也能获得知识。在学校学习中,教师往往通过小组讨论、问题解决等方式让学生参与到群体互动过程中,学生通过与群体成员的交流、协商来完成任务,形成对知识的具体认识。

总之,知识必须置于一定的情境中才有意义,知识只有应用到具体情境中才能发挥作用,任何去情境化的知识都不能被称作真正的知识,也无法运用于实践。脱离具体情境的课堂教学往往事倍功半。

2. 知识的灵动性

知识的情境性意味着个体只有在情境参与及体验过程中才能获得知识意义。从某种意义上来说,"知识"可以用"识知"(knowing)来代替,这样不仅体现出个体参与情境的无止境性,更表明知识随情境不同而不断变化。知识是个体与情境的一种交互状态,是个体协调自己的行为去适应情境变化的一种能力。知识的灵动性还意味着知识是一种工具,或具有与工具相同的功能,表现出知识的动态运用特点。学习者只有通过使用才能完全理解、运用知识,改变对知识的认识,形成特定情境下的言语符号系统。

教师应认识到知识只不过是人们对客观世界的一种解释、假设或假说,它不是问题的最终答案,而是提供对任何活动或问题解决都适用的方法。在具体的问题解决中,需要针对具体问题情境对原有知识进行再加工和再创造,知识必将随着人们认识程度的深入而不断得到变革、升华和改写,最终出现新的解释和假设。

二、情境学习理论的学习观

基于情境学习理论对知识的认识,情境学习理论者提出学习不是个体建构活动的过程,而是个体与情境互动、参与实践的过程,是社会协商过程。

1. 学习的个体实践性

学习是个体主动参与实践活动,是学习者与环境维持动态适应的过程。学习要经由学习者与环境之间的互动才得以真正发生。互动是"一种活动,这种活动既不能与学习和认知分离,也不是学习和认知的附属品……而是不可分割的学习组成部分"。通过这种活动,学习者的知识与能力不断得到发展与分配。例如,学生通过超市购物,知道元、角、分等货币单位及它们之间的转换关系。

实践活动不仅是与物理环境的有效互动,也是与社会环境的有效互动,因此不仅是学习者的知识与能力不断增长的过程,也是他们的社会化过程,即在实践活动中为所参与的某一社会团体承担一定责任,与团体构成一个动态系统。

2. 学习的社会协商性

情境学习理论尤其强调个体参与社会实践的重要性,认为学习是个体与群体成员之间的合作与互动过程,是社会性地建构知识的过程。莱夫等研究者指出学习是一种社会团体的合法的边缘参与,是学生在取得合法参与机会的状况下,从边缘逐渐进入实践共同体并走向中心的过程。新成员在参与团体的实践活动时,从老成员那里承袭一些共同的经验与规范,从比较边缘的、外围的参与逐步发展到核心的实质性参与,并逐渐确立自己在团体中的身份和自我价值感。这里的社会团体不是松散群体,而是一个有着共同文化历史继承、共同信念、共同目标与实践活动、凝聚力强的群体。

为促进学生更好地参与实践活动,教师在教学过程中应设计能够让知识得以应用的物理情境与真实的活动,应设计能够促使学生进行合作的、需要多学科知识背景或需要从不同视角进行检视的活动。由于学习是一种参与社会团体活动的过程,是一种观察——模仿——获得应用过程,因此教师应建立由不同知识水平的学生构成的学习小组,以便让学生了解好生的学习过程,观察模拟好生的思维方式与学习行为,从边缘参与学习过渡到成为学习小组的骨干成员。

三、情境学习理论的评价观

无论是哪种学习理论,都认为学习评价的目的在于更好地满足学习者需求,更好地促进他们的发展,但是只有情境学习理论的学习评价真正做到了评价学生的学习过程,而不是评价学生的学习成绩。情境学习理论认为学习就是与情境的互动过程,是参与实践活动的过程,因此该理论在评价原则、评价内容等方面都不同于认知主义、行为主义学习理论的评价观[①]。

情境学习理论的学习评价侧重于认知成长的诊断与管理,认为学习评价应当关注学习者问题解决中的认知过程,应关注学习者在这一过程中表现出的知识、技能与策略;学习评价的重点应在于问题解决过程中学习者知识与技能的灵活运用,而不是知识的回忆。例如,可以评价学生观点运用的情境,评价学生在不同情境下的问题解决策略,评价学生维护自己观点的可靠性等。总之,情境学习理论的学习评价旨在促进学生对自己活动过程的思考,促使其完善知识与技能的应用。正是如此,情境学习理论的学习评价是持续进行的过程,是镶嵌在任务之中的,并且成为学习过程的一部分。例如,在问题解决过程中,学生间、师生间对问题情境的认识,对问题解决所需知识、问题解决策略的讨论实际上就是学习评价过程。

情境学习理论的学习评价侧重于学习活动的改进,侧重于学习者知识能力的发展,由学习前评价、学习中评价与学习后评价构成。(1)学习前评价。教师为了满足学习者需要,在正式教学前对学生的知识、认知水平,工具的使用,情感态度等进行分析,以便更好地改进教学方法与手段以及完善教学内容。(2)学习中评价。学习中评价是与学习活动整合在一起的,是指教师通过维持情境的真实性,对学生在互动和参与中对事物的意义建构和工具使用能力进行评价。对学生参与活动表现的评价应能促使学生认识到与他人进行合作的重要性,并有机会让学生完善、提高自己的参与能力与知识应用的能力。(3)学习后评价。学习后评价可以是总结性评价,但不是对学生学习盖棺定论,而是为其之后更好地学习提供帮助与支持。不同于认知学习理论的总结性评价,学习后评价记录和分析学生学习行为随时间变化的趋势与模型,以便让教师了

---

① 高文.情境认知中激励与评价的作用——试论情境认知的理论基础与学习环境的设计之二[J].外国教育资料,1997(5):26—29.

解学生对知识的运用程度,及学生与物理、社会情境的互动程度。

四、情境学习理论的师生观

情境学习理论对学习过程中的教师、学生角色,师生关系也提出了新的认识。

1. **教师观**

情境学习理论认为教师应从传统的传递知识的权威转变为学生学习的辅导者,成为学生学习的高级伙伴或合作者。教师要在团体中与学生共同成长,引导学生逐步成为具有实践能力的骨干成员。教师应该重视学生自己对各种现象的理解,倾听他们时下的看法,思考他们这些想法的由来,并以此为据,引导学生丰富或调整自己的解释。

要成为学生建构意义的帮助者,教师在设计教学任务时,需要考虑如何激发学生的学习兴趣,如何增加学生参与活动的意愿,如何设计符合教学内容应用的任务情境与社会情境。在与学生共同参与到任务过程中时,教师可能需要在学习活动中作为"年长的伙伴"示范合适的实践,帮助学生认识到参与实践共同体的价值;可能需要组织合作学习(开展讨论与交流),并对合作学习过程进行引导以使之朝着有利于意义建构的方向发展。引导的方法包括:提出适当的问题以引起学生的思考和讨论;在讨论中设法把问题一步步引向深入以加深学生对所学内容的理解;启发学生自己去发现规律,自己去纠正错误的或克服片面的认识。

2. **学生观**

情境学习理论认为学生已形成一定的学习经验。学生并不是空着脑袋进入学习情境,在日常生活和以往各种形式的学习中,他们已经形成了有关的知识经验,对任何事情都有自己的看法。由于生活背景不同,学生之间不可避免地存在经验背景差异,因此对问题的看法和理解经常是千差万别的。但在情境学习理论看来,在学习共同体中,学生这些经验背景的差异本身就是一种宝贵的知识来源。

情境学习理论认为学生具有学习的能力。他们有认识复杂的真实情境的能力,有在复杂的真实情境中完成任务的能力,有建构知识的能力,同样也有管理自己学习的能力。即使有些问题他们从来没有接触过,没有现成的经验可以借鉴,但是当问题呈现在他们面前时,他们还是会基于以往的经验,依靠他们的认知能力,形成对问题的解释,提出他们的假设。学生与学生之间能够共同针对某些问题进行探索,并在探索的过程中相互交流和质疑,了解彼此的想法。

总之，情境学习理论的师生均是学习共同体成员，师生之间是学习共同体的共生关系，是一种教师引导下的共同体关系。学生通过参与活动发展知识与能力，教师通过对学生的指导以及在共同体中的相互学习确立自己的指导者、学习者以及合作者的身份与地位。

第二节　情境学习理论在课程改革中的应用

20世纪末,大多数国家都在探索实施基础教育课程改革,中国也不例外。我国在回顾以往学校教育时发现课程内容繁、难,脱离现实生活,普遍存在接受学习、死记硬背、机械训练等现象,这些都不利于学生社会适应能力与终身学习能力的发展,与社会发展、国家需求相违背。为鼓励学生主动参与、乐于探究,培养学生获取新知识的能力、分析与解决问题的能力以及交流与合作的能力等,1999年,全国教育工作会议明确提出构建适应新世纪的基础教育课程教材体系,2001年,基础教育课程改革在全国基础教育界实施、推广。

这次全国范围的基础教育课程改革,就是以情境学习理论为理论基础,对课程、教材、教学、教师培养进行了全面革新,合作学习、学习共同体等耳目一新的教学模式在课堂内外开始出现[1]。在巩固基础教育改革已有成果的基础上,2016年,《中国学生发展核心素养》在京发布。该研究成果在沿袭课程改革纲要的学生培养目标基础上,进一步提出以培养"全面发展的人"为核心的六大核心素养:人文底蕴、科学精神、学会学习、健康生活、责任担当、实践创新。[2] 学生六大核心素养的培养仍是以情境学习理论及其相应的教学模式为支撑。为更好培养学生适应终身发展和社会发展需要的必备品格与关键能力,有必要了解情境学习理论并牢牢掌握、娴熟

---

[1] 钟启泉,崔允漷,张华.为了中华民族的复兴　为了每位学生的发展:《基础教育课程改革纲要(试行)》解读[M].上海:华东师范大学出版社,2001.

[2] 郭文娟,刘洁玲.核心素养框架构建:自主学习能力的视角[J].全球教育展望,2017(3):16—28.

运用相关教学模式。

迄今为止,研究者与实践者已将情境学习理论付诸教学实践并进行长期追踪探索,总结出了不同的教学模式及相应的教学条件,这其中主要有合作学习、认知学徒制、学习共同体。

一、合作学习

合作学习是以小组学习为主要组织形式,根据一定的程序和方法,利用合作性人际交往促进学生认知、情感和社会性等方面的发展。在合作学习中,小组成员更容易得到、交换和使用与问题解决相关的信息、看法和结论,小组成员之间会相互提供更多的信息,产生更多新观点和新方案。因此,合作学习能促进更高水平的思考和新知识的理解,并将新知识整合进原有知识体系中。

合作学习有拼图式教学、建构性认知冲突、相互提问、脚本化合作等形式。无论是哪种合作形式,在合作学习过程中必然涉及认知冲突与认知支持两个相对过程。认知冲突过程表现为小组成员观点的多样性,在质疑过程中,成员势必对自己的观点进行维护与精细化操作。认知支持过程表现为每位成员适宜地参加合作过程,承担自己的相应责任,说出自己的观点与思考过程供其他成员分享。

强生(Johnson)兄弟提出的合作学习五要素得到众多研究者的认同,认为它们能促使合作学习有效实现①。

(1) 积极的相互依赖。合作学习小组成员应以群体学习为基础,同时又促进群体学习成功。小组成员不仅要为自己的学习负责,同时要为小组同伴的学习负责。小组每位成员在小组中的角色及相应责任、所分配的学习任务、已有知识基础、学习资源都是不一样的,每位成员都应认识到自己的学习不仅有利于自己,同时也有利于小组其他成员,有利于小组共同目标的实现。在小组合作学习中,每位成员不仅应付出自身努力,还应与其他成员相互协调,共同完成合作学习任务。

(2) 面对面的相互促进。积极的相互依赖不能离开小组成员的相互促进。相互促进的实现

---

① 吴庆麟,胡谊.教育心理学:献给教师的书[M].上海:华东师范大学出版社,2003:203—207.

主要是凭借成员间的良好人际关系以及成员的人际交往能力与调节能力。只有这样,在合作学习过程中,成员间才能提供帮助、支持,彼此高效交换加工资讯,提供反馈,进行质疑、维护、商讨等过程。

(3) 个人责任。如果合作学习成为小组中某几位成员的任务,其他成员只是搭合作学习的顺风车,那么合作学习效果会越来越差,最终归为零。有效的合作学习离不开小组成员的独立自主学习,每位成员都应承担一定的学习任务,并完成所分配的任务。

(4) 合作技能。由于每位小组成员拥有的知识基础、学习资源不一样,因此在合作过程中势必会出现认知冲突。为避免认知冲突由积极转向消极,教师有必要教授给学生一定的人际交往技能、冲突管理技能。只有这样,小组成员才能彼此接受和支持,建立信任,建设性地解决冲突。

(5) 成员监控。小组成员要监控自己与其他成员的活动与人际关系,以保证合作学习有效进行。在合作学习结束之后,小组成员可对自己小组的合作学习进行评价、总结,提出合作学习过程中的有利行为和不利行为,并探讨如何改进不利行为。

为实现有效合作学习,研究者还对小组成员构成,如人数、能力、性别等进行研究,提出有效合作学习小组应是由 2—4 名能力异质成员构成的,人数过多存在责任推托可能。

二、认知学徒制

情境学习理论研究者注意到传统手工艺行业中的师徒制的有效性,认为这种师徒制同样可以用于知识、技能等认知能力的学习[①]。

认知学徒制是由内容、方法、顺序与社会性四个成分有机组合起来的,它们共同构建了一个适于学生学习的学习环境。(1)内容。通过认知学徒制获得的内容除了学科概念、事实与技能外,还包括专家(一般为教师)的问题解决策略、认知管理策略与学习策略。(2)方法。认知学徒制是学生观察模仿专家(教师)示范内容而进行的一种学习方式。这种学习方式一定要创造便于学生进行观察模仿的机会,鼓励学生进行观察模仿。认知学徒制可采用的方法有:专家(教师)示范,使自己的思维过程透明化、可视化;训练学生相关认知技能,并通过暗示、反馈等方式

---

① 高文.认知学徒制——一种基于情境的有效学习模式[J].外国教育资料,1998(5):14—19,25.

指导学生学习,鼓励学生继续学习;随着学生对所学知识与技能的逐渐掌握,教师适时减少、撤消脚手架。(3)顺序。专家(教师)在问题解决中运用的往往是综合领域技能,对于学生来说很难通过一次学习就能掌握,因此有必要将专家的综合领域技能进行分解,解构成逐渐复杂的任务序列和不断变化的问题情境序列。只有这样,学生才能够由易至难,由简单到复杂,直至最终掌握。(4)社会性。与情境学习理论对知识与学习的认识相类似,认知学徒制也是将知识学习置于现实社会背景中,希望学生在现实情境中获得与运用知识。

布朗、柯林斯与纽曼提出在设计认知学徒制的教学环境时应遵循三条原则:(1)逐步增加任务的复杂性;(2)增进背景的变异性;(3)在练习局部技能之前熟悉整体技能。它由六个环节构成:(1)学生观察专家(教师)的示范行为;(2)学生获得专家外部支持(包括暗示、反馈、示范和提醒等);(3)学生接受专家概念性的支撑,随着胜任力的增强,支撑相应减少,直至撤除;(4)学生学会表达他们的知识,用语言表述对所学知识与技能的理解;(5)学生反思自己的进步,发现自己当前表现和专家表现的差异,发现自己当前表现与原来表现之间的差异;(6)学生尝试以新的方式(不是专家或教师教的方式)应用所学内容。总之,认知学徒制的关键方法可概括为:示范、训练、脚手架的逐步搭建及逐渐撤除。

三、学习共同体

莱夫和温格基于对学习的认识,提出一种让学生置身于情境中的学习形式——实践共同体。实践共同体是一群追求共同事业,一起从事通过协商的实践活动,分享共同信念和理解的个体的集合。实践共同体不是乌合之众,它强调成员应有共同的任务,担负各自责任,要使用工具、利用资源并通过实践活动完成任务,最终形成共同的历史、知识基础与假设,因此这种形式的学习实质上是个体文化适应与获得特定的实践共同体成员身份的过程[①]。

个体在实践共同体中的学习过程是一种"合法的边缘性参与",是由新手成长为实践共同体核心成员的过程。合法是指随着时间的推移与学习者经验的增加,学习者使用共同体资源的程度;边缘性是指学习者在实践共同体中对有价值活动的参与程度与离成为核心成员的距离。

---

① 贾义敏,詹春青.情境学习:一种新的学习范式[J].开放教育研究,2011,17(5):29—39.

学校是教书育人的场所，教师的主要任务是教学，学生的主要任务是学习，因此教学情境中的实践共同体更多表现为一种学习共同体。它同样促使每位学生参与到小组学习中从而理解、认同学习共同体文化，最终将之内化。学习共同体同样应符合实践共同体的特征：(1)具有共同任务。共同体中的学生应有共同兴趣、目标，主要表现为促进与提高共同的知识、技能，学生之间应持续协商确定共同的知识与技能。(2)应当共同实践。共同体中的学生应不断互动、交流，共同参与、开展学习活动。比如，每位学生交流发表自己的观点并进行解释。(3)具备相关背景与资源。学习共同体的顺利开展离不开共同的背景资源，表现为有一套活动惯例、用语，相同的学习工具、做事方式等。学生获得知识就表现为掌握共同体内成员之间相互沟通时所使用的独特的符号系统与语汇。

除上述模式以外，以情境学习理论为基础设计的教学模式还有互惠教学、基于问题解决的学习、实习场等。虽然它们是不同的教学模式，在相应的教学条件上存在区别，但都是关于情境学习理论的知识观、学习观、评价观等在实际教学与学习中的体现与应用。

第三章

情境教学的行动研究

第一节 生动的行动研究过程[①]

新课程的教学理念以建构主义认知心理学为基础,倡导还原知识与社会生活的联系,主张创设并增强学习的情境性,实现"在情境中认知,在活动中体验"的建构式学习。但是在新课程推行过程中,频频出现情境创设被无限制滥用的情形,致使不少课堂上所创设情境的作用和效果大打折扣:有些明显多此一举,有些显得牵强附会,有些更是漏洞频出。

为了准确诊断情境创设低效的可能原因,寻找提升情境创设的有效策略,本章选取上海市一小学二年级上学期的一个内容模块,由同一位教师在平行的三个不同班级尝试连续的基于情境创设的探索型授课。研究小组在每一次课后都及时组织充分的研讨及改进,最终引发了课堂情智交融的精彩,实现了情境创设对于课时目标有效达成的有力促进。

一、持续改进的过程

(一) 第一次课试教

执教内容是牛津上海版《英语(二年级第一学期)》第三模块第一单元(Module 3 Unit 1,简称

[①] 胡庆芳.创设有效教学情景的实践研究[J].中小学外语教学(小学篇),2009(2):10—13.

M3U1)"Let's Play Outside"。第一次课的情境教学设计包括四个板块：(1)音乐情境热身。教师通过呈现动物大联欢的音乐画面,让学生指认自己喜欢的动物,引入动物的话题。(2)故事情境展开。教师创设的故事情境是"Blue Cow Wants to Play on the Playground",以 Blue Cow 为主角,展现其在运动场上进行锻炼的尴尬遭遇：想荡秋千,却坐不上去；想玩滑滑梯,臀部却被卡住；想玩跷跷板,却没有人能够翘得起它；最后来到"跳房子"游戏,才终于玩了个尽兴。在这样一个叙述过程中,教师依次引入目标词汇 swing、slide、seesaw、hopscotch 的学习。(3)对话情境巩固。教师呈现一张张运动项目的图片,让学生相互问答项目名称,并且邀约一起玩乐。(4)音乐情境烘托。在欢快的音乐 Let's Sing and Dance 的欣赏中结束本次课,把认知和情感推向一个新高度。

本次课表现出的亮点是：以创设的情境展开教学,使学生有着充分的活动认知以及情感体验的机会。

例1：在引入目标词汇 seesaw 时,教师使用多媒体课件展示了 seesaw 一词的拼写像一块跷跷板一样上下起伏的动画,同时随着动画的节奏,教师描绘说"up"、"down"。随后教师还编排了让学生两人一组玩跷跷板的游戏。每两个学生一组,一个学生邀请另一个学生玩跷跷板的游戏,接下来两人面对面、手拉手,站立的同学说"up",蹲下的同学说"down",两个回合为一次游戏：

A：Let's play on the seesaw.

B：OK.

A：Up!

B：Down!

B：Up!

A：Down!

A and B：How fun!

例2：在学习目标词汇 hopscotch 时,教师在教室地板上用粉笔画了"跳房子"游戏的格子,示范表演游戏规则,即三次单足跳后两次双脚跳,每一次单足跳时口中念"hop",每一次双脚跳时口中念"hopscotch"。两个学生一组,一个学生邀请另一个学生玩跳房子的游戏,并先开始,然后让对方进行。活动情形如下：

A：Let's play hopscotch!

B：OK.

A：Hop, hop, hop. /hopscotch, hopscotch.

A：It's your turn.

B：OK. Hop, hop, hop. /hopscotch, hopscotch.

A and B：We are happy!

例3：结尾部分的 *Let's Sing and Dance* 的音乐渲染使学习的情感体验得到了进一步提升，并巩固了学习内容。

本次情境创设也暴露出了以下三方面的不足：

1. 创设的 Blue Cow 故事主情境被一个个目标词汇的识记与游戏分割，故事情境的整体性不突出。

2. 目标词汇呈现时，背景色彩不鲜明，与之相关的色彩提问使得学生判断时犹豫不决。

3. 教学的空间环境不适合学生活动表演，一个个固定的座位成为障碍，只能在狭窄的过道进行游戏。

研究小组通过集体研讨提出了改进建议：

1. 为了还原创设的 Blue Cow 在运动场上尴尬遭遇的故事的完整性，教师在引导学生对目标词汇进行一一认知之后，宜做一个情境串联，既可复习目标词汇，又可呈现故事全貌，从而使整堂课的教学在主情境下依次展开。

2. 歌曲 *Let's Sing and Dance* 不仅旋律欢快，而且内容很好地体现了目标词汇，因此在目标词汇的认知环节也可以分片段地加以利用。

3. 教室的布置可以设计为半圆形"剧场"，以便于游戏活动的开展。

4. 为了加强目标词汇音形义之间联系的创建，教师呈现图片或设计游戏道具时，注意呈现目标词汇。

(二) 第二次课改进

执教教师根据第一次课后提出的改进建议，重新设计了教案并展开教学。本次课体现出的改进主要表现在：创设情境的整体性得到加强，情境表演式学习的环境有明显改观。

例1：教师在 Blue Cow 依次经历了 swing、slide、seesaw 等游戏的挫折之后，告诉学生"Blue Cow is sad"，并设问原因，这样很好地串联起了故事的情境片段，然后进入最后一个游乐项目，即玩 hopscotch 的环节。

例2：学生在半圆形空间多次表演游戏活动。教师就在学生围坐成的一个半圆形"剧场"里进行创设的课堂情境的"导演"，学生也在这个"剧场"里"表演"。

本次课的实施过程又暴露出了新的问题，主要表现为：

1. 教师对游戏活动的控制偏强，指定学生表演，表达的内容也是固定的，以至于学生情境表演的自由度受到限制。

2. 在创设的故事情境中，Blue Cow 没有被很好地体现出来，自始至终都是学生们在尽情地玩，使创设的故事情境主角 Blue Cow 显得可有可无。

3. 在本次课结尾，教师把主题总结为"Be Friendly and Polite"，与故事情境不吻合，有牵强附会之感。

经研讨，研究小组提出了进一步改进的方向：

1. 突出情境表达的真实性。教师给学生多创造一些机会让他们能够表达真情实感。

2. 增强情境创设的合理性。建议在故事情境的创设中，让学生们带 Blue Cow 去游乐场，并教 Blue Cow 玩，这样随着一个个游乐项目的进行，故事也得以延续。

3. 准确定位情境的主题性。建议情境主题改为"Make Friends with Animals and Play Together"。

(三) 第三次课改进

经过再次的修改设计和课堂实施，本次课的教学在以下方面体现出了明显效果：

1. 故事的完整性和合理性得到明显改善，创设的故事情境与课堂浑然一体。学生们在情境中感知，在活动中扮演，目标词汇的认知和游戏活动的体验都表现出了较好的效果。

例1：在创设的情境中，教师直接扮演 Blue Cow，让学生们带 Blue Cow 到游乐场上去玩。Blue Cow 主动要学生们给它介绍游乐项目，并让学生先表演给它看怎么玩。这样随着一个个游乐项目的尝试，清晰有效地推动了教学过程的进行。

例2：对于比较难的目标词汇 hopscotch，学生认读的速度和准确性提高。在前两次课的教学过程中，对于 hopscotch 一词的认读，很多同学要经过多遍教读才能掌握。而在本次课上，教师在设计的 hopscotch 道具方格里直接多次呈现"hop"和"hopscotch"，学生通过边游戏边学习，自然顺利地完成了目标词汇的认知。

2. 教师创造多种情境游戏的机会让学生参与，并且注意到让学生根据兴趣和爱好来选择，学生活动的真情实感自然流露。当在故事中依次经历了 swing、slide、seesaw 和 hopscotch 的游乐项目之后，教师再次以图片的形式一一呈现这些目标词汇，并把它们贴在半圆形"剧场"的不同方位，这样实际上就是开辟了这些游乐项目的区域，为接下来的选择性活动作好了准备。

3. 教师加强了开放型问题情境和任务型活动情境的辅助，引发了学生精彩的创造和生成。

例：教师让学生针对学习的儿歌"Seesaw, seesaw. /Up and down. /Seesaw, seesaw. /It is fun."，以小组合作学习的形式来自编一段儿歌进行表演。学生的创作表现出了明显的创新性：一个学生演唱道："What's this? /It is swing. /What's that? /It is seesaw. /I can play on the swing and seesaw."另一个学生演唱道："One seesaw. /Two seesaws. /Three seesaws. /Four seesaw. /One, two, three, four."

二、实践探索的启示

三次课向我们清晰地展示了基于"预约情境创设的精彩"课例研究课发展的脉络：第一次课，情境的趣味性体现充分，但故事的整体感不足；第二次课，情境的整体感得到增强，但细节设计不够精致；第三次课，情境的精致化得到体现，情智交融的效果显现。通过这三次课教学的改进，我们形成了如下认识。

（一）有效的情境创设可以尝试的途径与方法

1. 实物呈现情境。对于一些日常生活中可以接触到的名词，可以直接以实物呈现的方式构建情境和展开教学，这样可以顺利地建立起目标词汇的音形义之间的联系。比如，在本专题研究课上，执教教师用粉笔画"跳房子"游戏的格子或用纸板亲手制作，让学生直观地认识到目标词汇 hopscotch 指代什么。

2. 图画描绘情境。对于一些生活情形或故事情节,教师可以尝试以图形勾勒的方法再现其情形原貌。在本专题研究课上,执教教师就使用了多媒体动画来展示 seesaw 为何物。

3. 音乐渲染情境。为了渲染气氛以得到身临其境的效果,为了调动情绪情感,教师可以尝试用音乐的旋律来引发。在本专题研究课上,执教教师选用的歌曲 Let's Sing and Dance 就很好地调动了学生的愉快情感。

4. 语言描述情境。对于一个复杂的情境,教师可以用语言描述来创造一种意境和想象空间,同样可以达到一种"身临其境"的效果。在本专题研究课上,执教教师运用讲故事的形式把 Blue Cow 在运动场上的遭遇很完整地串联了起来。

5. 活动体验情境。对于一些情感与认知体验方面的内容,教师可以设计以活动的方式让学生参与和表演从而经历体验的过程,以达到增进理解的目的。在本专题研究课上,执教教师就组织了多种游戏活动让学生体验学习。

(二) 有效的情境创设必须体现的原则与标准

1. 目的性。情境创设是教学的一种手段,它为教学的目的和目标服务。在本专题研究课上,执教教师专门设计了 Blue Cow 玩游乐场的故事情境,以探索发现情境创设对学生认知和情感的促进作用。

2. 主题性。教师创设的每一个情境都需要有明确内容和思想,换言之,每一个情境片段都应当是一堂课里一个相对独立的教学单元。在本专题研究课上,执教教师设计的 Blue Cow 玩游乐场的故事情境主要是要体现"Make Friends with Animals and Play Together"的主题。

3. 合理性。教师创设的任何一个教学情境都应当符合常理和贴近生活,明显有悖于常理和生活的情境都只能成为学生进入情境状态的障碍。在本专题研究课上,一开始执教教师并没有突出 Blue Cow 的角色地位,以至于创设的这个主角可有可无,从而使得教学情境的变换显得生硬。

4. 适切性。教师创设的所有情境都应当让学生能够领悟和感知,换言之,教师教学情境的创设也是为学生的学习服务的。在本专题研究课上,执教教师很好地抓住了小朋友爱动物和爱玩耍的天性,设计的"Blue Cow Wants to Play on the Playground"的情境吸引了学生的关注。

5. 趣味性。教师创设的情境要有亲和力、趣味性,这样学生才会乐于参与和体验。本专题研究课设计的 Blue Cow 在游乐场的遭遇很有趣,充分激发了学生的兴趣和参与热情。

6. 整体性。教师创设的情境必须要素完整,并且在呈现的过程中要注意整体性,这样才能为学生展开学习活动营造一个整体的环境氛围。在本专题研究课上,执教教师一开始没有从整体上去呈现故事情境,结果使得整堂课的活动很松散;后来通过教学设计的改进,加强了故事情境的整体性,从而使整堂课的教学浑然一体。

第二节　渐进的情境设计优化

一、第一次教学设计

Teacher(教师)：Zhu Xuezhen

Content(内容)：Oxford English 2A M3U1 Let's play outside

Teaching targets(教学目标)：

知识技能目标：学会新词 swing、slide、seesaw、hopscotch

　　　　　　　掌握句型 I like the ...

　　　　　　　　　　　 Let's play on the ...

过程与方法目标：在情境中理解新词，通过不同的操练方式熟练掌握新知，并能在所给情境中进行语言的运用。

情感态度目标：调动学生的学习兴趣，培养学生的观察能力和合作交流的能力。

PROCEDURES（过程）	CONTENTS(内容)	METHODS(方法)	PURPOSE(目标)
I. Pre-task preparation	1. A song. 2. Introduction of an animal friend:	Students (下文简写成 Ss) sing the song *Walking, walking* together. Ask and answer. e. g. What can Superpig do? Can he run? Superpig.	借助英文歌曲调节学生情绪。 借助图片设置开放性问题进行师生

续 表

PROCEDURES（过程）	CONTENTS（内容）	METHODS（方法）	PURPOSE（目标）
	3. Introduction of another animal friend: Blue Cow.	Elicit another animal friend: Blue Cow. ... He wants to go to the playground.	问答,复习相关知识并引入新课。
II. While-task procedure	1. Tell a story about Blue Cow.	Teacher(下文简写为 T) play the video about Blue Cow on the screen and tell the story about Blue Cow when the students are watching the video.	创设故事情境并整体呈现,这样既充分激发学生的兴趣,也更有利于学生理解。
	2. New words: swing	● 1) T: What can you see in the playground? (To elicit swing.) 2) Ss repeat the word after the teacher. 3) Ss repeat the word group by group. 4) Ss say a little rhyme and do some actions. e. g. Swing, swing. I can swing. I can swing very high.	新词的学习: 学中做,做中学,运用各种方法进行单词的新授与操练。在看一看、说一说、做一做的过程中,让学生正确掌握新词,并通过句型练习、儿歌朗读扩大语言输入和输出量。
	slide	● 1) T show the picture of a slide. (To elicit slide.) 2) Ss repeat the word after the teacher. 3) T ask the students to fill in the missing letter: sl_de. 4) Ss use the following sentences to practice. e. g. I like this slide. It is (colour). It looks like a ...	
	seesaw	● 1) T show the picture of some seesaws. (To elicit seesaw.) 2) Ss follow the teacher and add some actions. e. g. Let's play on the seesaw. Up! Down! How fun!	

续 表

PROCEDURES （过程）	CONTENTS（内容）	METHODS（方法）	PURPOSE（目标）
	hopscotch	● 1) T：(Show three pictures of the story and continue the story.) Blue Cow can't play on the swing (slide/seesaw). So he is sad. Then Joe invites him to play hopscotch. (To elicit hopscotch.) 2) Ss repeat the word after teacher. 3) Ss play hopscotch. e. g. Hopscotch, Hopscotch. Hop, hop, hop.	
III. Post-task activity	1. Talking about the playground.	1) T show the picture of the playground. 2) Ss use the following sentences to introduce the playthings. e. g. I like the slide. It's _____. I can play on the slide. Wo-oo.	继续发挥情境功能，把同学们带到"操场"进行活动，使他们在活动中把所学内容进行整合，老师作及时反馈。
	2. Making a dialogue.	Ss practice the sentences and make a new dialogue with their desk mates. e. g. A：Hello. What can you see in the playground? B：I can see a ... A：What colour is it? B：It's ... A：Let's play on the ... B：OK. Let's play. A&B：How happy we are! T：Remember "Be friendly and polite". Ss sing and dance.	学生寻找同伴，在游戏中进行语言训练，获得学习的体验。
	3. A song.	(Play the song *Let's Sing and Dance*.)	活动后老师及时进行情感教育。
IV. Assignment	1. Making new rhymes with the new words. 2. Saying something about the garden in your estate.		让学生联系生活实际，以喜欢的方式自由地说，提高学生的语言综合运用能力。

二、第二次教学设计

Teacher(教师)：Zhu Xuezhen

Content(内容)：Oxford English 2A M3U1 Let's play outside

Teaching targets(教学目标)：

知识技能目标：学会新词 swing、slide、seesaw、hopscotch

掌握句型 Let's play on the …

过程与方法目标：在情境中理解新词，通过不同的操练方式熟练掌握新知，并能在所给情境中进行语言的运用。

情感态度目标：调动学生的学习兴趣，培养学生的观察能力和合作交流的能力。

PROCEDURES（过程）	CONTENTS(内容)	METHODS(方法)	PURPOSE(目标)
I. Pre-task preparation	1. A Song. 2. A topic：Animals in the world.	Ss sing a song together. （The part of the song：Let's play on the jungle gym, bouncing horses.） 1) T：Who is your good friend? （To elicit：Animals are our friends, too.） 2) Ss talk about the animals that they like. e. g. I like the … It is … It can … （To elicit a new animal friend：Blue Cow.）	听英文歌曲，营造学习氛围。 借助学生喜欢的动物进行看图说话，复习相关知识并引入新课。
II. While-task procedure	1. Story：Blue Cow.	1) T play the video about Blue Cow on the screen and tell the story about Blue Cow when the students are watching the video. 2) Have Ss say the playthings they've heard in the story：swing、seesaw、slide. T：What does Blue Cow want to play in the playground? （Show the pictures of the swing、seesaw and slide.）	创设故事情境并整体呈现，这样既充分激发学生的兴趣，也更有利于学生理解。听故事后展示图片，提出问题，让学生及时捕捉故事里的信息。

续 表

PROCEDURES（过程）	CONTENTS（内容）	METHODS（方法）	PURPOSE（目标）
	2. Talk about the playthings and learn. a. swing	● 1）T：Blue Cow wants to play on the swing. （To elicit swing.） 2）Compare the words and do the actions：swing — swim. 3）Fill in the missing letters：＿ ＿ ing 4）Repeat the word group by group. 5）Activities. e. g. A：Let's play on the swing. B：OK. /Great. A&B：Swing, swing. I can swing. I can swing very high.	以图片展示故事中的关键镜头，帮助学生整体感知故事，并展开后面的教学。
	b. seesaw	● 1）T：Look. Is this the seesaw? （To elicit seesaw.） 2）Read and spell the word. 3）Activities. e. g. A：Let's play on the seesaw. B：OK. /Great. A：Up! Down! B：Up and down. A&B：How fun!	学中做，做中学。在看一看、说一说、做一做、玩一玩的过程中，激发学生兴趣。把新词放在句子、儿歌、对话中进行训练和运用，大大增加了语言的输入量，并使其在游戏活动中得到活用。
	c. slide	● 1）T：We're happy. Let's go to the slide. （To elicit slide.） 2）Fill in the missing letter：sl_de. 3）Read and spell the word. 4）Say sth. about the slides. e. g. I like this slide. It is（colour） It looks like a/an . . . 5）Activities： A：Let's play on the slide. B：OK. /Great. A&B：Woo . . . How fun! We are happy. A：It's your turn.	

续 表

PROCEDURES(过程)	CONTENTS(内容)	METHODS(方法)	PURPOSE(目标)
	d. hopscotch	● 1) T:(Continue the story.) Blue Cow is sad. Because he can't play on the swing/seesaw/slide. Joe brings Blue Cow to play hopscotch. (To elicit hopscotch) 2) T:Watch the screen! Blue Cow is hopping. He is happy. 3) Ss repeat the new word after the teacher. 4) Imitate the voices of different people. 5) Activities. (Ss put on the mask of Blue Cow.) e.g. Let's play. Hop, hop, hop. Hopscotch, hopscotch. How fun! We're happy.	教师继续 Blue Cow 的故事,体现了故事的完整性和教学的整体性。 以形象的故事人物及动作演示提高学生的学习积极性,帮助学生正确朗读新单词。
	3. A song.	Ss listen and sing together.(The part of the song:Let's play on the slide/swing/seesaw.)	以歌曲形式推进新词的正确掌握。
III. Post-task activity	1. Talking about our playground. 2. Play on the playground. 3. A song.	Invite Ss to describe the playground. e.g. I see _____. 　　　It's _____. Ss play the games with their classmates. e.g. A:Let's play on the … B:OK. A&B:(play together) How fun! We are happy. T:Remember:Be friendly and polite. Ss sing and dance.	继续发挥情境的功能,把同学们带到"操场",使他们在活动中把新旧知识进行整合,提高语言运用能力。在这样的综合活动中,学生的兴趣得以保持并发展,获得学习的体验。 让学生体验到同学间友好相处、共同学习的快乐。 学生轻松愉快地歌唱,同时也复习巩固了新词新句。

续 表

PROCEDURES（过程）	CONTENTS(内容)	METHODS(方法)	PURPOSE(目标)
IV. Assignment	1. Making new rhymes with the new words. 2. Saying something about the garden in your estate.		让学生联系生活实际，以喜欢的方式自由地说，提高学生的语言综合运用能力。

三、第三次教学设计

Teacher(教师)：Zhu Xuezhen

Content(内容)：Oxford English 2A M3U1 Let's play outside

Teaching targets(教学目标)：

    知识技能目标：学会新词 swing、slide、seesaw、hopscotch

                掌握句型 Let's play on the ...

过程与方法目标：在情境中理解新词，通过不同的操练方式熟练掌握新知，并能在所给情境中进行语言的运用。

情感态度目标：调动学生的学习兴趣，培养学生的观察能力和合作交流的能力，培养学生与学生之间的友情，激发学生和动物交朋友的情感。

PROCEDURES（过程）	CONTENTS(内容)	METHODS(方法)	PURPOSE(目标)
I. Pre-task preparation	1. A song: *Walking, walking*. 2. A topic: Animals in the world.	Have the students sing the song together. 1) T: Who is your good friend? (To elicit: Animals are our friends, too.) 2) Ss talk about the animals that they like. e. g. I like the ... It is ... It can ...	用轻快活泼的歌曲激发学生的兴趣，营造学习氛围。 借助学生喜欢的动物进行看图说话，复习相关知识并引入新课。

续　表

PROCEDURES（过程）	CONTENTS（内容）	METHODS（方法）	PURPOSE（目标）
		(To elicit a new animal friend: Blue Cow.)	
II. While-task procedure	Introduction of the story about Blue Cow. 1. Part One: In the playground	(Divide the story into five parts.) T: Let's go and play with Blue Cow. T: (Play the video about Blue Cow.) Blue Cow arrives at the playground from the farm. (Pause the story.)	动物主人公 Blue Cow 出现，并和学生一起去游乐园，充分激发学生的兴趣，边讲故事边学习也更有利于学生理解和接受。
		T: What can you see in the playground? (Encourage Ss to say sth. about the picture of the playground.) T: What colour is it? Ss: I can see...	开放性的问题，唤醒学生的记忆，促进学生思考。
	2. Part Two New word: swing	T: (Continue the story.) Blue Cow goes to the swing. 1) T: (Put on the mask to act as Blue Cow.) Hello, my new friends. What's this? (To elicit swing.) 2) Compare the words and do the actions: swing — swim. 3) Learn the new word. Ss repeat after the teacher by raising the voice and add some actions. 4) Ss practice the dialogue with their deskmates. e. g. A: Let's play on the swing. B: OK. /No, thanks. 5) Ss say a rhyme with some actions. e. g. Swing, swing. Swing very high. How fun! We're happy.	学生和 Blue Cow 一起游戏，学中做，做中学。在和 Blue Cow 共同活动的过程中，学生体会到帮助的快乐，和动物一起游戏的快乐。 在故事情节中引出新内容，运用不同方法进行单词的教授与操练，在看一看、说一说、做一做的过程中，正确掌握新词和新句的朗读和理解。通过创设情境，把新词放在句子、儿歌、对话中进行训练和运用，大大增加了语言的输入量，并在游戏活动中提高了学生的学习积极性和语言运用能力。

续 表

PROCEDURES（过程）	CONTENTS（内容）	METHODS（方法）	PURPOSE（目标）
3. Part Three： New word：seesaw	(Blue Cow goes to the seesaw.) 1) T：Blue Cow can't play on the swing. Guess what can blue Cow play? (To elicit seesaw.) 2) T have the students repeat the word and spell. 3) Ss do some actions. e. g. Let's play on the seesaw. Up! Down! Up and down. 4) Ss say a rhyme and do some actions. e. g. Seesaw, seesaw. Up and down. Seesaw, seesaw. It is fun. 5) Group work. (Make new rhymes with the new words.)	进行情境铺垫，以开放性提问活跃学生思维。
4. Part Four： New word：slide	(Blue Cow goes to the slide.) 1) T：What's this? (To elicit slide.) 2) Fill in the missing letter：sl ＿ de. 3) Ss repeat the word group by group. 4) Describe the slides. e. g. I like this slide. It is (colour). It looks like a/an … 5) Activities. e. g. A：Let's play on the slide. B：OK. /Great. A&B：Woo … How fun! 　　　We are happy. A：It's your turn.	让学生4人一小组，用新词编儿歌，在共同讨论学习的同时，进一步锻炼学生的语言能力。
5. Part Five： New word：hop-scotch	1) T：(Continue the story.) Blue Cow is sad … Joe brings Blue Cow to play hopscotch. (To elicit hopscotch.)	

续 表

PROCEDURES（过程）	CONTENTS（内容）	METHODS（方法）	PURPOSE（目标）
		2) T：(Put on the mask to act as Blue Cow.) Watch me! (Play hopscotch.) Hop, hop, hop. Hopscotch, hopscotch. Yeah! I can play hopscotch. I am happy. 3) Ss repeat the word by raising the voice. 4) Ss imitate the voices of different people. 5) Activities：Ss play hopscotch with Blue Cow. (Ss put on the mask of Blue Cow.) e. g. Let's play. Hop, hop, hop. Hopscotch, hopscotch. How fun!	戴上头饰扮演 Blue Cow,用学生喜爱的拟人化表演,增添语言趣味,让情境更生动。 学生和 Blue Cow 一同对话、游戏,把故事推向高潮,真正的"happy"体验。
	A song.	We're happy. Ss listen and sing together.（The part of the song：Let's play on the slide/swing/seesaw.）	新词在学生喜爱的歌曲中得以巩固和运用。
III. Post-task activity	1. Consolidation： swing seesaw slide hopscotch 2. Game：Let's play outside!	1) T：(Show a picture of a playground.) What can you see? 2) Ss talk about the playground. Ss invite their good friends and play together. e. g. A：Let's play on the … B：OK. A&B：(play together) How fun! We are happy. T：Remember：Make friends with the animals and play together.	继续发挥情境功能,把教室装扮成"操场",带领同学们一起活动。 通过情境中的游戏活动,使学生把新旧知识进行整合,提高学生的语言运用能力。 及时的情感激发,让学生感悟到和动物交朋友给我们的生活带来的乐趣。
	A song.	Ss sing and dance.	整首歌曲的连唱,让学生能更好地掌握

续 表

PROCEDURES（过程）	CONTENTS（内容）	METHODS（方法）	PURPOSE（目标）
			playthings 的词汇，也更好地渲染了学生情绪。
IV. Assignment	1. Making new rhymes with the new words. 2. Saying something about the garden in your estate.		让学生联系生活实际，以喜欢的方式自由地说，提高学生的语言综合运用能力。

第三节　丰富的观课参与体会

由观课引发的有关情境创设的思考
福建省厦门市西郭小学　杨琴琴

教师根据教学目标创设情境。本次专题研究课的教学语言点是掌握 slide、swing、seasaw 三个单词。朱老师能围绕教学目标进行各个情境的设计，并对语言点进行适当的扩展。整堂课的目标明确。

情境创设要真实，便于操作。在语言点的教学中，老师设计了多个小情境，但唯一不足的是没能给学生一个真实的情境，只是在空白的场地上进行模拟，也没有给学生规划出具体的活动空间。如果能在课堂上添置一些相关的活动道具，那样就会更真实；也可以用简单方法规划出各个活动的场所，这样学生可以根据自己的兴趣爱好进行活动。

情境创设要新颖有趣，儿童才会乐于接受。总体上看，本节课的情境创设还是比较有趣的，先是 Blue Cow 的动画形象和精彩的动画图片，然后还有模拟动作，学生的兴趣比较浓厚，接受情况较好。

创设情境的语言用词是否浅显易懂。首先，本节课主要是围绕一个大情境"Blue Cow Wants to Play on the Playground"进行教学。Blue Cow 的故事太长，对于二年级的学生来说，有相当的难度。所以应该尽量用简单的语言来描述情节，帮助学生清晰地理解故事大意。其次，老师能用 chant 的形式，加上有节奏拍手、模拟活动动作等方式进行单词、句型的操练，学生接受情况较好。

情境创设的形式要多样。本堂课主要是围绕大情境进行小情境的创设和教学,小情境的创设比较单一。可以适当改变一下形式,让学生更主动参与。

情境创设信息丰富,能拓展学生思维。这堂课的扩展做得很好,老师能结合教学语言点进行句型的扩展,使学生的语言输出量不断增加,从而有效地拓展了学生的思维。

能否通过创设情境让学生自主参与情境。老师创设 Blue Cow 的情境,让学生也能与 Blue Cow 一起到操场活动,但老师对游戏活动的控制偏强,以至于学生情境表演的自由度受到限制。老师应该更多地给学生引导,让学生有更多自由活动的时间和机会。

情境能否有效激发学生的学习兴趣。所创设的情境还是比较有趣的,但学生可能比较紧张,发挥的情况不是很好。

情境创设的再实践和再思考

福建省厦门市园南小学 李力立

这次在上海参观考察期间,我们与上海市闵行区古美学校英语教研组共同研讨的主题是:预约情境创设的精彩。短短的7天很快结束,我们带着专家、同行们对"情境创设"的理解,并结合我校同课异构活动,以《新标准英语(学生用书第九册)(供一年级起始用)》Module 9 Unit 1 "Are you sad?"为执教内容,紧紧抓住"情境创设的有效性"这一问题进行观课。执教的张老师和陈老师的有益探索给我们提供了开阔的思维空间和交流平台,实践的智慧分析如下。

一、引入环节的分析

【案例1】陈老师在与学生做完"Shooby, Dooby"游戏之后,进入了"词汇大本营"环节。在这个活动中,陈老师要求学生仔细观察 PPT 中快速出现、1秒钟后又马上消失的词组,然后大声告诉老师。学生在活动中表现出了极大的兴致,课堂气氛很活跃。学生不仅全神贯注地盯着屏幕,想要在有限时间内看清楚词组,而且在看到以后纷纷迫不及待地要告诉老师,兴致盎然。

〈剖析〉胡庆芳博士在做课例研究时曾提到对情境创设的思考与认识,认为情境创设可以是一个故事、一幅图、一个问题、一个活动,但要能引发学生的认知活动和对情感的体验。陈老师创设的这个活动,化词组复习的单一练习为有趣而紧张的竞赛游戏。在这一过程中,发挥了情境创设将枯燥的知识趣味化的作用,学生在体验中不仅增加了对英语学科的兴趣,而且提升了思维的品质。应该说,这个情境创设是有效的。

【案例2】张老师则在此环节设置了复习歌曲的活动,让学生边做动作边唱"I get up in the morning"。在歌曲的演唱中,老师给不同组的学生安排了不一样的内容,当然,所表演的动作也各不相同。

〈剖析〉乍看这一环节,学生表现挺热烈的,课堂气氛活跃。可再仔细观察,学生更多地关注花哨的动作,而忽略了歌曲的演唱,一部分学生没有在此环节中开口唱,而只是忙于做动作。这不禁引发了我的思考:TPR(total physical response,全身反应法)活动应该摆在怎样的位置?什么时候运用会更有效?教学方法服务于教学内容,可在这环节中,方法是否有效服务于内容了呢?学生是否得到了语言的体验呢?我认为,在这一活动中,表演性质过强了。若教师指导学生大胆地开口唱出来,而动作部分不搞得那么花哨,就让学生根据歌词内容表演,将注意力从一系列不同的动作转移到英语歌曲体验中,活动将更为适切些。

二、新词呈现的剖析

【案例1】陈老师根据小组在导入环节的表现,指出"Group 4 is the winner now",让第四小组的同学说出他们的感受——happy;之后,通过听一首悲伤的曲子感受 sad,又通过图片呈现 bored、angry 等。为了让学生更好地掌握这些词汇,在每个词汇学习之后,教师都请一位学生上台参与板书——在各个表示感觉的词汇下画出相应的简笔画。同时,结合高年级学生的认知特点,拓展了 bored 的内容,归纳了字母组合"or"的发音,并进行发散练习;拓展了 nothing 的内容,归纳了 thing 的词汇,并进行对比,如 something、everything、anything 等。

〈剖析〉新词呈现是本课的一大亮点。教师充分理解了教材中 feelings 的主题,巧妙地运用各种方式:一件事——Group 4 is the winner,一首歌——二泉映月,一些图片——无聊的、生气的……创设了不同的情境来引导学生学习 happy/sad/bored/angry,而且过渡很自然,一环紧扣一环。我认为这个环节的情境创设是高效的:不仅用语言描述了情境,用音乐渲染了情境,还用图画描绘了情境。学生在这一过程中的主动参与性强,在过程的体验中扎实地掌握了本课的新词。

【案例2】张老师根据四年级所学故事《神笔马良》,利用一支"神笔"在黑板上画出了各种感觉词汇：happy、sad 等，并利用 PPT 中的动画等方式再次巩固这些词汇。与陈老师不同的是，她还复习了以前所学的形容词，如 hot、cold 等；而且在拓展方面，她抓住 nothing、think 这两个在课文中出现的词汇，通过带读、等读的方式解决"th"的发音，还从字义上予以突破。

〈剖析〉从"神笔"的引入以及从形容词的拓展上可以感觉到教师对教材的使用较为灵活，懂得融会贯通。但是从学生的反馈上看，掌握的效果并没有第一节课扎实。我认为这个情境创设的效用性不够，没能引发学生的认知活动，情境创设仅仅局限在教师本身的理解而已，学生没有真正参与进去，只是被动、机械地学习。因此我认为这个情境的创设是无效的，没有信息差。若教师再稍作修改，让学生拥有"神笔"，让他们自己去画，去体验、理解，那么学生的主动参与性增强，其思维表达也会增加，相信他们也会更感兴趣。

三、新课学习的比较

【案例1】在新词学习之后，陈老师直接引出："What's the matter with Lingling?"并利用不同的图片引导学生说出："What's the matter with the boy/dog?"然后解说了"what's the matter with…?"的用法。接着第一遍听文，让学生回答"Is she sad/angry/bored?"等问题。第二遍听文，让他们思考"What's she thinking about?"。由于这一问题有一定的难度，教师转化了答题的方式，让学生"Describe the statements：True or false"。第三遍则是听课文跟读。

〈剖析〉如果说新词掌握扎实了，那么句子的学习呢？在这一环节，教师在引入课文时较为唐突，在提出问题"What's the matter with Lingling?"后，又扩展了"What's the matter…?"的问句，然后才带着问题听课文，有种思维被打断的感觉。我认为此环节中问题情境的设置不够合理，解决问题的过程还可以处理得更完善一些，并注意引导学生理解本课的重点句型：Is she/he…? 其实，从教师引导的听三遍课文过程中，可以看出教师设计教案时的细致用心。围绕课文设置的一系列问题也是层层递进，适合学生。如果在听的任务抛出之后，教师不急于解说句型的用法，而是让学生先听完、回答后再让学生理解、拓展，并把教师的说改为学生的练，那么教学行为会更为有效。

【案例2】张老师在新词教授以后，把现实生活与课文内容联系起来，提出了问题："Christmas is coming. What happened to Lingling?"过渡之后，让学生带着问题"Is she sad/angry/bored?"第一遍听文，解决问题、听读课文之后，利用《新标准英语（课堂活动用书第九册）》中的"Listen and write"再次巩固课文内容。

〈剖析〉教师对教材的理解较为透彻,能充分利用教材,处理教材。引入课文时,短短的一个谈话使过渡更为自然;解决问题时,抓住重点句型"Is she...?"进行课文理解;又利用课堂活动用书的练习带着学生深入理解。此环节的情境设置是有效的。

四、操练环节的思考

【案例1】陈老师在操练环节中设置了 pair work,让学生利用句型"Are you...?"来谈论心情。学生基本能根据教师的指令去做,但表现出的兴致不是很高。在《新标准英语(课堂活动用书第九册)》中的"Read and draw"的练习中,教师让学生动手画各种表情,并在学生独立完成后在投影上加以展示。此时,学生又有了较高的兴致,但说的都只是某种心情的词汇,没有利用句子进行完整表达。

〈剖析〉陈老师设计教学时是围绕着课文展开的,但引入时间过于冗长,因此操练环节较为仓促。如 pair work 的环节,由于句型练习不够扎实,给学生练习的时间不够,因此操练的效果较为一般。若教师能设置较切合实际的情境,练习前利用简单几句教学语言将二人练习的要求生活化,让学生利用句子表达,那么学生的兴致会更高。而在完成课堂活动用书中的练习时,练习梯度不够。学生在新词学习过程中对单词的掌握已经很扎实了,若教师在此环节能指导学生用句子来表达,那么这堂课会更精彩。

【案例2】张老师设置了 memory game 环节:让学生通过观察老师上周的"心情晴雨表",在7秒钟内记忆表中的一周心情,然后利用"Are you...?"进行记忆大比拼。由于有了时间的限制,课堂气氛紧张而活跃。另外,在 guessing game 活动中,则是请两个学生上台,学生1背对着同学,学生2抽出一张表示心情的单词卡,然后学生1利用"Is he/she...?"进行猜测,其他同学则利用"Yes, he/she is. /No, he/she isn't."进行判断回答。相对于上一个紧张激烈的环节,这时学生则是轻松地根据单词内容判断"Yes/No",因此参与面广。

〈剖析〉这两个游戏活动掀起了课堂的一个小高潮!在记忆游戏中,学生充分运用记忆力,并在关心老师一周心情的指引下,表现出了极大的热情,情感体验丰富,重点句型"Are you...?"得到了很有效的操练。在猜测游戏中,教师设置了一定的信息差,一边让学生猜测,一边让全班其他同学也参与到活动中,操练了另一重点句型"Is he/she...?"。这些情境创设,我认为是高效的。

五、运用环节的不同

【案例1】陈老师在运用环节中让学生在班级里调查同学的心情,先让学生在纸上写出自己的心情,然后让其他同学运用句型"Are you ... ?"进行猜测。但由于时间不够,在教师解释完游戏规则后已经下课。因此将此任务转为课后活动。

〈剖析〉运用任务较为简单,有一定的操练意义。但是这一运用情境较为一般,适切性不够,我认为这一情境创设是低效的。

【案例2】张老师利用学校少先队的创阳光班级主题活动,提出同学之间应互相关心,多了解彼此的心情变化,因此设置了调查同学的心情,完成班级的"心情晴雨表"的任务。先让学生在纸上画出自己的心情,然后再在班级中展开调查。

〈剖析〉这一情境创设很合理,目的性强,很好地结合了班级主题活动,使学科的情感教育目标得到了有效落实。学生在教师创设的情境中,带着这一任务,展开了调查,兴致很高。这一活动是本堂课的升华,满足了学生的表达欲望,让学生将英语运用到生活中去,因此情境创设很有效。若教师能在课前先提出任务,并且将班级的"心情晴雨表"呈现出来,那么会使课堂更为完整。

第四章

情境设计的范例诠释

案例1： 生活情境拨动亲情心弦

以《小巷深处》教学为案例

一、设计背景

散文的最大特点是"形散而神不散"。沪教版《语文（八年级第一学期）》中的《小巷深处》是一篇感人至深的散文，抒写了一对母女相濡以沫的感情经历。文中那深沉而真挚的母爱催人泪下。我认为学习这篇课文就是一次很好的引导学生感恩亲情的教育。

怎样呈现这篇课文，课前我有多种设想。联想到自己平时观察到的现象：家长对孩子百般付出，而孩子对于父母的一切付出总认为是理所当然的，平时不尊重父母、顶撞父母的现象时有发生。因此，我以"体会母爱的醇厚，增进对亲情的理解"为主要教学目标。

二、设计创意

对文章整体感知后，通过让学生讲述父母如何爱自己的亲情小故事，教师引导他们作深入剖析；帮助学生感悟文本，改变他们认为父母付出是理所当然的那种麻木心态，从而唤醒他们对父母的感激感恩之情。

三、精彩过程

学习新课时，我先问学生平时父母做的什么事情感动过自己。或许，学生没想到我会问这样的问题，一时间，他们面面相觑，没人举手回答。我继续说："也许我们平时学习太忙，也许老师的问题太小儿科,大家都忽视了。不要紧,我们来看看林莉是怎么被母爱感动的。我们一起来学习她的《小巷深处》。"

在整体感知课文后,我又提出:"找出最能感动你的表现母爱的语句,有感情地朗读之后并说说为什么打动了你。"

经过自主朗读体会及同学之间相互探讨后,学生们纷纷举手要求回答。

小A同学回答:"'终于,她点了点头,顺手取过她那根不知啥时已从角落里拿出来并已磨得又光又亮的竹棒,叩击着地面向厨房走去。'这句话最能打动我,因为女儿提出没有急事,不让母亲去找她,其实是有点嫌弃母亲,但母亲没有生气,还是拄着竹棒要给女儿做好吃的。母亲的胸怀多么宽广无私呀!这让人感动。"

小B同学补充道:"'母亲眼光暗淡了。好长好长时间的沉默。'可以看出女儿的话对母亲打击很大,母亲很伤心、很痛苦,但她没有丝毫的抱怨,强忍住伤痛,去厨房为女儿弄好吃的。我觉得母亲不仅是宽厚仁慈的,也是理解女儿的。"

……

时间在流逝,我明显感觉到学生的感情逐渐沉浸到课文里去了,他们都从课文里感悟到了细腻的母爱。我不失时宜地回到最初的问题:"那么我们也来说说我们的父母是怎样爱我们的吧。"

此问再出,课堂已不是最初的沉闷。有的同学在相互小声议论,有的同学马上举起了手。

小C同学说:"我妈妈是个摆地摊卖菜的。有次下雨,她顾不得换下卖菜穿的衣服和围兜,冒着雨给我送伞。可我嫌她丢了我的脸,冲她大喊大叫,还叫她以后雨天不用给我送伞。当时一瞬间,妈妈的眼光也暗淡了,但她依然为我撑起了雨伞。读了这篇课文,想起那一刻,我又羞愧又感动。"

小D同学说:"爸爸是个工人,挣钱不多,花钱很节省,我常常拿他和别人的爸爸比较,还以为他很小气。可每到考试,爸爸总买回我最喜欢吃的河虾。吃的时候,爸爸尽吃虾头,把好的部位全给我吃。现在想想,他是最大方无私的爸爸。"

……

一个个感人的小故事，在同学们有点愧疚的叙述中将爱传递到了每个人的心田。我又不失时机地说："父母的亲情之爱是平凡的，平凡到只是一句话、一个眼神、一顿饭，但也是最伟大的，她绵延到我们人生历程的分分秒秒、点点滴滴之中，没有哪种爱能和她相提并论。这样的爱，我们怎能忽略与漠视呢？"

　　最后，我们齐声朗读了课文的末尾三节。"……妈妈，我回来了，我已经回来了！我其实还记得，还记得来时泥泞的山路，还记得赤足跑过石板的清凉，还记得家里厚重的木门栓，还有，还有我们曾相互依偎走过的那条小巷，那条深深的小巷。"在学生充满情感的童音中，我知道，无私的母爱唤回了文中的迷失的"我"，也唤醒了我们；那条充满爱的深深的小巷，会永远驻留在我们每个孩子的心灵深处。

四、成效评述

　　上课伊始，我以提问学生父母在什么事情上感动过自己为导入，结果学生竟一时不知从何说起。这可能说明平时学生对父母的点点滴滴付出都认为是理所当然的，没有充分地建立起感激感恩之情。因此，确立"体会母爱的醇厚，增进对亲情的理解"为主要教学目标非常符合学情。这个教学目标体现了一点，那就是我们平时学习语文课文不能仅仅是为了学习而学习，而要正确意识到课文仅仅是载体，教师要通过这个载体引导学生走进生活、感悟生活。

　　在学习课文的过程中，我认为我比较好地运用了课文这个载体。在"找最能打动你的语句"这个环节中，学生不仅能找到相关关键词句，而且分析也比较到位。我认为，不是学生的语文能力一下子有了质的提高，而是文中的亲情打动了他们幼小的心灵，唤醒了他们内心对父母的感恩之情。至今回想起那时刻的课堂、那双双纯净的眼睛，我依然感动。由此可见，提高课堂有效性不是无源之水，这源头就是学生内心的情感。一旦我们的课堂触动了学生的心弦，那他们个个就变得灵动、活泼，我们的课堂就是高效的课堂。

　　当让学生再来说说父母的时候，他们纷纷举手回答。父母在他们的述说中变得鲜活起来：没有惊天动地、轰轰烈烈的事迹，有的只是一句家常话的温暖、一个眼神的牵挂、一顿饭菜的香味……但孩子们都懂得了，这就是亲情的种种表现，这就是生活的幸福所在。

　　通过课文学习，学生不仅被文中的母爱感动，更被生活中的亲情之爱感动，这样既达到了教学目标，又体现出了以课文为引领，走进生活、体验生活的语文课改精神。

（上海市嘉定区启良中学　顾丽华）

案例2: 图示情境揭示历史谜题

一、设计背景

"西欧封建等级制"是"中世纪西欧社会"一节的教学难点。中世纪西欧文明上承古希腊、古罗马文明,下启近代工业文明。"中世纪西欧社会"是中世纪的欧洲区域文明教学的开始章节,其中"西欧封建等级制"对欧洲中世纪的发展与格局影响巨大,特别是对西欧王权的强弱与发展影响巨大;而西欧王权的强弱与发展,是理解中世纪欧洲权力格局的一个重要环节。而且对"西欧封建等级制"的深刻理解,将直接影响学生对"资产阶级革命"这一影响全球发展的历史内容的学习。在世界史学习中,我们发现,虽然同样是在封建经济与制度走向没落之时产生了资本主义的萌芽,但东西方"萌芽"的"成长"境遇却有着巨大的差异,而正是这种差异决定了近代世界格局。本节教学内容对于学生理解这种差异的渊源至关重要,因此应给予高度重视,为学生以后的学习奠定基础。

虽然根据教材编排,"中世纪西欧社会"一节的教学内容容量很大,但教材对"西欧封建等级制"的叙述较为简略。鉴于对初中生来说,这一内容较难理解,而且对世界史以后的学习、对综合学习阶段中外历史的比较学习影响重大,因此我对这一内容的教学在时间安排、课件制作上均投入较大。同时鉴于本节内容的特点,我在教学中将适当提供一些初一年级时学过的西周分封制的内容来帮助学生回忆知识、迁移学习。

二、设计创意

教学时一般用图1来讲解西欧封建等级制度,但我认为该图虽直观地明确了"等级制",但难

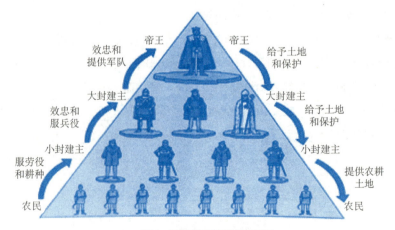

图1 西欧封建等级制度图示

以彰显其"我的封臣的封臣不是我的封臣"的关键特征,更不能从中体会到这一特征带来的深刻且深远的影响,因此不能使学生对中西方历史上的分封制的区别有清晰的辨别力。

有鉴于此,我自制了相关图形,结合初中学生的心理特征,制作PPT课件,增强学生的直观感受,并请学生进行角色代入。这样有助于使对初中学生来说较枯燥难懂的"西欧封建等级制"的讲解变得形象化,同时通过让学生结合角色想象体验使教学内容变得易于理解,从而高效地完成学习任务。

三、精彩过程

进入封建社会的西欧,同所有的封建社会一样,具有森严的等级。例如,国王授予的贵族爵位分为公爵、侯爵、伯爵、子爵、男爵等五个等级。

西欧的封建等级是通过层层分封形成的,分封自然伴随着权利与义务。主与臣之间,一如所有等级制的上下级之间,自然有各自的权利与义务。封主(也称领主)分封土地给封臣(附庸),封臣要为封主尽一定的义务。所封之地称为采邑,是连同土地上的农民一起封给封臣的。封臣可以在封地内自主任命人事、增设税收等,还可以将自己的领地进一步分封。开始时,采邑是不可以世袭的;到9世纪后半叶,采邑渐渐变成世袭的了。

假设图2描绘的是一个王国。因种种原因,国王将部分土地分封给B、C、D、E、F,各封臣有权将自己的领地分封给自己想要分封的人,于是分别形成图3和图4所示形态。

图2　自制图形1

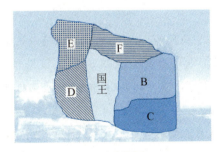

图3　自制图形2

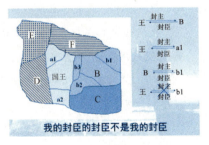

图4　自制图形3

重点是欧洲各级封建主只效忠于直接上级,隔级之间无效忠关系,封臣即附庸只承认自己直接受封的领主为封主,而与自己封主的封主之间却没有附属关系。即如图4,国王无权直接调动b1,而b1宣誓效忠的也只是B,他的义务、他的所作所为只对B负责。这和我们中国的国情就很不同了(引导学生回忆西周分封制的内容),我们是"普天之下,莫非王土,率土之滨,莫非王臣"。

如果因为联姻、继承、征战或其他的原因获得被分封的奖励,那么会出现图5的情况。图中封建主C和封建主D都是国王的封臣,a2既是国王的封臣,同时也是封建主C和封建主D的封臣。

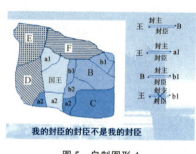

图5　自制图形4

接着我请学生想象一下,假如自己是a2,当分别觐见国王或C或D时,一切都很平常,没有什么冲突;但当四人处于同一场合时,因为大家都是国王的封臣,a2是否觉得自己可以与C或D平起平坐了呢?

生1:不要吧,毕竟他们三人都是自己的封主,应该时刻保持恭敬。

生2:按各自爵位高低为准吧。

生3:大家都是国王的封臣,在国王面前就是一样的。

生4:看自己当时的心情或需要吧。

果然,由于性格的不同,不同的学生会有不同的想法。生4的回答更是引来笑声一片。

师:大家再想想,还会有哪些情况让a2产生纠结?

生5:如果一团和气当然好,但是作为三者的封臣,他对三人都有效忠的义务,如果C与D之间有冲突了,a2怎么办?

生6:如果C或D对国王有不轨的企图,或是偷偷侵犯了国王的利益,甚至有叛逆之举,a2是选择揭发他们为国王作战,还是选择效忠C或D,助他们对付国王呢?

师:现在只是理论上的探讨,大家已经很难抉择了,现实中往往还纠缠着各种复杂的利益关系,结果会怎样呢?

生7:王权衰弱,中央集权难以强大,容易造成封建割据严重。

生8:封建主壮大自己领地与实力的途径太多,领地面积有可能超越国王,这样国王的统治容易失控。

生9：混乱。中小封建主的势力有可能因膨胀过快而失控。

生10：这些会导致西欧封建社会分裂，会使国王的权力、西欧封建制的中央集权远不如东方国家来得强、完善。

四、成效评述

封建等级制是中世纪西欧封建统治的基础，也是造成封建主之间不断征战及王权衰落、国家分裂的原因之一，对欧洲国家影响深远。我通过自制课件使这一内容的讲解变得形象化，达到了较好的学习效果。同时，根据我的引导"假如我是 a_2"，学生很快代入角色进行想象，体验到为什么欧洲很多国王虽然拥有广阔领土却很可能无法调动国内的骑士等力量。

（上海市宝山区淞谊中学 陈向青）

案例3： 故事情境化为数学表达

一、设计背景

沪教版《数学（高中二年级第二学期）》第十二章第二节"圆的方程"分为两个课时，第1课时要求学生能在平面直角坐标系中探索并掌握圆的标准方程，会根据圆的方程写出圆的半径和圆心，并能根据条件写出圆的方程。第2课时则侧重于进一步提高学生用解析法研究几何问题的能力，加深其对数形结合思想的理解及增强用数学解决实际问题的意识。本案例是第2课时教学设计中的一部分。

二、设计创意

"鲁滨逊漂流记"是为大多数学生所熟知的故事，在本案例中我设计了一系列关于鲁滨逊航海的应用问题，并将这一情境贯彻始终。这样一方面让学生们进一步掌握关于圆的方程的基本知识点；另一方面希望借助简单的实际问题，使学生们学会用数学知识观察和分析自然现象和社会现象。通过创设有效、丰富的实际应用情境，在教学中密切联系实际，有效地提高了学生应用数学的能力，达到了培养其数学思维能力的目的。

三、精彩过程

我在本节课中创设的情境如下。

情境一：鲁滨逊虽出生于一个体面的商人家庭，但是一直渴望着去航海，一心想去海外见识一番。可是他的父亲并不同意，于是，他花了一年时间偷偷地造船，想要完成航海的心愿。造船时，需要画出甲板的圆弧线，由于这条圆弧线的半径很大，无法在钢板上用圆规画出，因此需要先求出这条圆弧线的方程，再用描点法画出圆弧线，为此他建立了直角坐标系，如图1所示。经过测量，鲁滨逊得到以下数据：圆弧AB的半径 $r=AC=29$ 米，圆弧AB所对应的弦 $AB=12$ 米。以米为单位，试着帮鲁滨逊求出圆弧AB的方程吧。

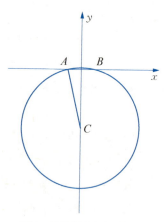

图1　造船所建直角坐标系

分析：此题可作为复习第1课时"圆的标准方程"的内容，通过建立直角坐标系，就可以找到圆心的坐标，再结合已知条件中给出的半径即可得到圆弧AB所在圆的方程。

情境二：在鲁滨逊的不懈努力下，他的船终于建造好了，于是在风和日丽的一天，他瞒着父亲驾船出了海。可是在航行途中的某天，他接到了气象台的台风预报：台风中心位于船正西80千米处，受影响的范围是半径长为 $r(r>0)$ 千米的圆形区域。他的航行方向为西偏北45°，且不打算改变航线。假设台风中心不移动，那么

(1) r 在什么范围内，船在航行途中不会受到台风的影响？

(2) 当 $r=60$ 千米时，船在航行途中受到影响的航程是多少千米？

分析：要解决以上两个问题，首先需要建立适当的直角坐标系（如图2所示）。以鲁滨逊起始位置为坐标原点，由情境中的信息可知船的航线是第二象限的角平分线，台风中心位于 x 轴的负半轴上；然后根据第1课时所学的内容得出受台风影响范围的圆形区域的边界即圆的方程；再进一步通过分析直线与圆的位置关系即可得以解决，而直线与圆的位置可以通过比较圆心到直线的距离（记为 d）与半径 r 的大小关系来确定。比如对于第1小题，只要圆与直线相

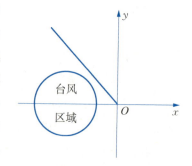

图2　解决台风问题所建直角坐标系

离,即 $d>r$,那么鲁滨逊在航行途中就一定不会受到台风的影响;而第 2 小题中,当 $r=60$ 千米时,经过计算可知 $d=40\sqrt{2}<r$,于是此时圆与直线是相交的关系,那么鲁滨逊的航行就会受到台风的影响,受影响的航程就是直线被圆所截的弦长。

通过上述两个情境的学习,不仅复习了第 1 课时中所学习到的关于圆的基本知识点,而且使学生明白需要对一个实际应用问题从数学角度进行分析,从而将之转化为一个数学问题,其中的关键在于解析法的运用。直角坐标系建立后,随之而来的是一个新问题:直线与圆的位置关系,这是第 2 课时的重点内容之一。

情境三:虽然路上碰到了台风的阻拦,但丝毫没有动摇鲁滨逊航海的决心。他的目的地是他一直向往的伦敦,可是就在距离伦敦港口不远的地方,有一艘海盗船看到了只身一人的他,准备进行抢劫。海盗船发现他位于北偏东 60°相距 20 千米处,于是决定以鲁滨逊的 2 倍船速向他靠近,此时的鲁滨逊可能会往任意方向进行逃离,请问:如果鲁滨逊与海盗船都是沿直线航行,那么他可能被海盗船抢劫到的点是哪些?

分析:此题同样需要运用解析法,即建立适当的直角坐标系(如图 3 所示,以海盗船起始位置为坐标原点,鲁滨逊起始位置为 B 点,则 $OB=20$ 千米),才能确定鲁滨逊可能被抢劫到的点所形成的轨迹的方程。假设被抢劫到的点 P 坐标为 (x, y),由于海盗船的速度是鲁滨逊的 2 倍,因此可知 $OP=2BP$,由两点之间的距离公式可得 $\sqrt{x^2+y^2}=2\sqrt{(x-10\sqrt{3})^2+(y-10)^2}$,化简可得点 P 所形成的轨迹方程为 $\left(x-\dfrac{40\sqrt{3}}{3}\right)^2+\left(y-\dfrac{40}{3}\right)^2=\dfrac{1\,600}{3}$,由此可知鲁滨逊会被抢劫到的点所形成的轨迹是一个以 $\left(\dfrac{40\sqrt{3}}{3}, \dfrac{40}{3}\right)$ 为圆心,以 $\dfrac{40\sqrt{3}}{3}$ 为半径的圆。

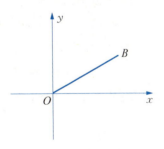

图 3　解决海盗问题所建直角坐标系

四、成效评述

本节课由于采用一贯而终的鲁滨逊的漂流故事而受到了学生们的欢迎,通过情境创设的方式提高了他们的积极性,上课时学生们都踊跃发言。我采取小组交流讨论的方式,让学生们畅所欲言。本节课的目的是培养学生利用数学思想方法解决实际问题的能力,采用的手段则是解析法,学习的内容是对圆的进一步认知。

通过情境一的创设,既复习了第1课时中所学习的、要求必须掌握的圆的标准方程,又相当于作为一个引例,让学生们了解了本节课需要解决什么问题。对于该问题,各个小组都能顺利解决,于是也引发了他们解决接下来问题的欲望。

情境二其实脱胎于常见的遭遇台风问题,是解析几何的经典模型,也是学生们必须掌握的模型之一。开始时有些同学一筹莫展,不知如何解答,但是通过小组交流,集思广益,同学们都想到了需要建立直角坐标系的思路。这时候我进行了及时的肯定与鼓励,并告诉他们当面对几何问题难以解决时,可以采用建立直角坐标系的方法来化解,这种方法就是常说的解析法,是非常重要的思想方法。之后,各个小组都探讨出了解决这两个小题的关键之处在于分析清楚直线与圆的位置关系,这时我引导大家一起复习初中所学习过的利用圆心到直线的距离与半径进行大小比较的方法,并用之进行判别,随后顺利地解决了第二个情境中的问题。

情境三上升了一个层次,其实是作为本节课最后一个趣味性思考题的性质来提问大家的。其中用到的还是解析法,既紧扣本节课的教学目的,也回顾了求轨迹方程的方法和步骤以及对于圆的标准方程的反向认识(因为这题是通过得到方程再说出该方程所对应的曲线是什么,与第一题中已知曲线是圆再求出它的标准方程是逆向的关系),算是对之前所学内容的一个总结。

在本节课的学习过程中,我仿佛看到学生们就是遇到难题的鲁滨逊。虽然前行道路并不顺畅,甚至可以说是障碍重重,但是鲁滨逊从不轻言放弃。我想正是这种精神鼓舞了学生们,使他们斗志昂扬地帮助鲁滨逊,既帮他解决了这些数学问题,也提高了他们自己的数学思维能力,这应该就是情境创设的魅力所在吧。

(上海海事大学附属北蔡高级中学　李　萍)

案例4: 故事情境引导语言表达

一、设计背景

执教内容是牛津上海版《英语(一年级第一学期)》Module 1 Unit 2 "My classmates",教学目标是让学生通过情境学习文具用品 book、ruler、pencil 及 rubber 4 个单词,学习向同学借文具用品的句型"Give me . . . , please.",以及能够用"A . . . , a . . . . I can see. A . . . , a . . . . For you and me."这些简单的短句来创编和本课内容有关的儿歌,从而最终能够学会与他人分享文具用品等,体会到与人分享所带来的快乐。

二、设计创意

为了让一年级学生更好地学习并运用本课新知,为了让他们能够在学会分享文具用品的基础上,理解与他人分享更多事物的美德,我联想到自己以前学到的美德故事"孔融让梨"。故事中的孔融虽然还是个孩子,但十分懂得分享和谦让,当他面对一个大梨和一个小梨的时候,毫不犹豫地把大梨让给自己的弟弟吃。这个故事浅显易懂,符合一年级学生的认知水平,而且易于学生联系生活实际。同时这个故事的内容和课本中的儿歌"A..., a.... I can see. A..., a.... For you and me."可以很好地结合在一起。利用这四个短句来将"孔融让梨"的故事创编成一首新的儿歌,朗朗上口,不仅复习了课本知识,而且提升了学生的语用能力,使他们更深刻地理解乐于分享的含义,并在实际生活中自觉自愿地践行。

三、精彩过程

(一) 情境整体导入

师:Once upon a time, there was a boy. His name is Kong Rong. He had a little brother. He liked pears very much. One day, his mum gave them two pears. One is big, the other is small. Kong Rong gave the bigger one to his brother. He said: "He is my little brother." Kong Rong was very happy when he shared the bigger pear with his brother. (借助图片和肢体动作,老师向一年级学生整体描述了"孔融让梨"的情境,让学生明白故事内容。)

通过故事情境的描述和提问,引发学生们的思考,并通过让他们简单地回答 Yes 或 No 来判断其是否理解这个故事情境。

师:Is Kong Rong a good boy?
生:Yes.
师:Is Kong Rong happy?
生:Yes.

图1　　　　　　　　　　　图2

图1—2　"孔融让梨"故事图片

让学生们先分小组讨论,然后每组派代表用中文说说为什么孔融很开心,看看其是否已领会到情境中的情感目标。

师：Why?

生1：……

生2：……

生3：……

(二) 在情境中习得新知

1. 在"孔融喜欢吃梨"的情境描述中学习新单词 pear 以及学习使用形容词 big 和 small 来描述梨的大小。

图3　"pear"、"big"、"small"的学习和使用

2. 将课本中的原句"A book, a pencil. I can see. A book, a pencil. For you and me."中的"For you and me."拓展成"It's for you."和"It's for me.",分别进行学习,然后再回归原文,并在原文的基础上加入形容词。这样既复习了前一课时所学内容,又有了内容和情感上的递进。

图4—7 句子练习

(三)情境学习联系生活实际

由教学情境延伸至学生生活实际,让学生理解新知在实际中的运用,并能够联系身边事物自己创编新的儿歌,提升语用能力。

图8—10 联系生活实际运用所学内容

四、成效评述

通过"孔融让梨"故事情境的描述、小组合作的话题讨论以及联系实际的儿歌创编,本节课的教学目标得到了比较明显的落实。

首先,学生对书本知识的认识、理解更深刻了。(1)通过故事情境,学习理解了"pear"、"big"、"small"、"It's for you."、"It's for me."等新知。(2)通过故事情境,学习了"A big pear, a small pear. I can see. A big pear, a small pear. For you and me."的儿歌。

其次,学生对分享的体会更深刻了。(1)通过故事情境的学习,学生获得了分享、谦让有礼所带来的快乐的情感体验。(2)通过联系生活实际,学生懂得了乐于分享、谦让有礼这些美德的可贵。

最后,令老师喜闻乐见的是,虽然本节课是英语课,但一年级学生在实际的校园生活中身体力行着本课的情感目标。如:在午餐时间,同学们在分饭菜时,我看到有些同学主动将相对比较大份的饭菜自愿地先让给他人,或是乐意将自己碗里的饭菜分享给身边的同桌等。又如:原本一年级的孩子们很计较别人拿了自己的文具用品,但经过本课的学习之后,这样的现象逐渐少了,孩子们更多的是愿意大方地将自己的文具用品借给同学,班级气氛变得融洽和谐了许多。

综上所述,我深切地感受到,创设情境要充分结合课本内容,在课本知识的基础上有所拓展但又不脱离课本;创设情境要充分考虑学生的年龄特点和认知水平,兼顾知识性和趣味性,激发学生的学习兴趣,调动学生的学习热情;创设情境要充分联系学生的生活实际,要合理,符合逻辑,不要天马行空。只有创设这样的有效情境,才可以更好地促进我们教学目标的达成,帮助学生形成良好的语用体验。

(上海市杨浦区平凉路第三小学　吴嘉蕴)

案例 5: 表演情境彰显人物性格

一、设计背景

《花脸》是沪教版《语文(六年级第一学期)》第二单元"同龄人的故事"中的一篇课文。它是作家冯骥才的一篇叙述性散文。全文共 7 个自然段,虽然文字浅显,但内涵深刻。作者回忆了儿时的经历,用孩子的视角描写花脸,写出了少年对花脸的喜爱,对英雄的那种朴素的、自发的崇拜。

二、设计创意

课前,学生在美术老师的指导下,制作了花脸(可以自选人物,也可以根据课文第二段文字的描述,画出心目中领悟到的花脸的样子),体验了戴花脸的感受,从而为本节课的学习作好了充分的情感准备。课上,要求学生们想象并表演一下第五段描写的"我"戴着舅舅给买的关公花脸和大刀时情形,把情境体验推向高潮。课后要求学生把自己制作的花脸介绍给家人,第二天再来分享花脸背后的故事。这一环节既深化了学生对文章主旨的理解,又体现了语文课的人文色彩,同时达到了传承民族文化的效果。

三、精彩过程

师:今天我们要学习作家冯骥才的一篇散文《花脸》。说到花脸,同学们在美术课上都做过,今天也都带来了,请同学们戴上。戴好后看看还认识周围的同学吗?每位同学画的花脸都是不同的人物,今天上语文课前请同学演一演自己的花脸,让大家看看演得像不像这个人物。

生1:(演)呵,我就是那个半路杀出的程咬金,嘿哈!

生2:(演)升堂!来人啊,拖下去,斩!(包公)

生3:(演)我姜太公钓鱼,宁取直中曲,不取曲中直。我钓鱼愿者上钩,哈哈哈!

图1 学生戴着花脸表演

生4:(演)我,乃西楚霸王项羽,被刘邦逼到如此地步,实在有愧于江东父老,我……(作自刎状)

师:同学们演得都很好,看来对你们画的人物很了解。今天我们要学习的《花脸》这篇课文,讲的就是一个孩子对花脸的感情,并且他最喜欢的事就是买张花脸戴。

……

师:"我"这么喜欢花脸,接下来就要去买张花脸戴戴了。请同学们看到课文的第二段,我请个同学起来给大家朗读,其他同学认真听,想想这一段描写了一张怎样的花脸。

生：(朗读)一年年根,舅舅带我去娘娘宫前年货集市上买花脸。过年时人都分外有劲,挤在人群里好费力,终于从挂满在一条横竿上的花花绿绿几十种花脸中,惊喜地发现一个。这花脸好大,好特别!通面赤红,一双墨眉,眼角雄俊地吊起,头上边突起一块绿包头,长巾贴脸垂下,脸下边是用马尾做的很长的胡须。这花脸与那些愣头愣脑、傻头傻脑、神头鬼脸的都不一样。虽然毫不凶恶,却有股子凛然不可侵犯的庄重之气,咄咄逼人。叫我看得直缩脖子,要是把它戴在脸上,管叫别人也吓得缩脖子。我竟不敢用手指它,只是朝它扬下巴,说:"我要那个大红脸!"

师：这是一张怎样的花脸?

生1：好大好特别。

生2：通面赤红,一双墨眉,眼角雄俊地吊起,头上边突起一块绿包头,长巾贴脸垂下,脸下边是用马尾做的很长的胡须。

师：很好,有没有同学做这么一个花脸?能给大家亮亮相吗?

(学生表演。)

图2　学生戴着与课文描述相似的花脸进行表演

师：同学们看看,在"我"眼里,这张花脸和其他的花脸有没有什么区别?

生："这花脸与那些愣头愣脑、傻头傻脑、神头鬼脸的都不一样。虽然毫不凶恶,却有股子凛然不可侵犯的庄重之气,咄咄逼人,叫我看得直缩脖子。"就是它与那些花脸不一样在于"有股子凛然不可侵犯的庄重之气,咄咄逼人",显示出了花脸的特别。

……

师：同学们说了这么多"我"对关公花脸的喜欢乃至敬佩之情，那么，文中的其他人对于关公花脸有怎样的情感呢？

生1："舅舅"也很喜欢，从他给"我"讲的那些故事中可以看出来。

生2：我也觉得"舅舅"喜欢关公，"过五关斩六将"写出了他的忠心耿耿，"温酒斩华雄"则表现了他的武艺高强，中国人都钦佩这样的男儿好汉。

师：说得真好，中国人都喜欢！那么，再来说说其他人吧！

……

师：同学们分析得都很好。在年前买花脸、过年戴花脸正是我们中华民族的一种传统民俗，是我们中华民族所特有的一种文化。其实花脸并不是一个简单的脸谱，它与所代表人物的形象、气质、故事、精神融为一体；花脸的背后蕴藏着深深的民族文化，这种文化扎根在每个人的心中。同学们理解了为什么除了"我"，家里的长辈们也都喜欢关公花脸的原因了吧？

生1：是的。

生2：老师，我想学一学关公自报家门。俺——姓关，名羽，字云长。

生3：不对，要憋着嗓子。

生4：戴上花脸，效果更好。

师：今天我们教室里有一位来自北方的老师，我们请他来给我们示范朗读一下，好吗？

（学生聆听、模仿朗读。）

师：看来同学们也形成花脸情结了，希望同学们都能热爱我们的传统文化。今天的课就要结束了，但情感可以延续下去。每一张花脸背后都有人物的故事，所以请同学们把你们制作的花脸带回家，给你们的家人介绍一下你这张花脸的故事。

四、成效评述

通过实物展示和表演的形式，本节课的教学目标得到了比较明显的落实。

首先，学生对花脸的认识直观具体。通过课前进行的学科整合，学生在美术老师的指导下制作了花脸，体验了戴花脸的感受。

其次，学生对花脸的认识更深入。通过课堂朗读和表演的方式，进入文本，体会人物情感的同时，也加深了对花脸的认识：花脸不是一个简单的面具，它与所代表人物的形象、气质、故事、精神融为一体，是一个民族千百年来的历史文化的缩影。因此，作者借一个男孩的视角描写"花脸"，也是试图用文字保留对民族文化的喜爱和留恋。

最后，学生主动要求演关公，说明老师也成功地在学生心中种下了一颗英雄梦的种子。而所布置的作业——把花脸介绍给家人，是对课堂的延伸，是要把课堂推广到家庭。学生不仅是一个接受者，也可以成为文化的传播者。这是一项有一定难度的任务，但基于学生在课堂上的热情，应该会努力完成。

综上所述，我深切地感受到，激发学生的学习热情是至关重要的。其一，花脸已经逐渐淡出人们的视线，学生对于已渐消失的物品怎么能有感情？！如果在教学中只是出示几张图片，那么学生很难把文字的描写转化为具体的形象。其二，在"小鲜肉"横屏时代，关羽、岳飞这样的英雄人物已被挤出学生的视线，课本的包容有限，学生的课外阅读有限，以至于学生对中华英雄的认识不足。因此，做花脸和演花脸其实是将学生融进花脸的必经过程，这样学生才能和花脸、和文中的"我"产生情感的共鸣，才能真正地爱上民俗，爱上英雄。

（上海市嘉定区启良中学　王玉娟）

案例6：抢答情境盘活文学知识

一、设计背景

在初三的重重压力之下，古诗文学习和梳理变成学生非常痛苦和无奈的选择。大量的背诵和赏析，已经使得课堂越来越缺失它应有的活力和魅力，使得本应是中华文化中最美丽的部分华彩尽失。同时，在作品赏析中也一样遇到了问题，学生似乎习惯于作出"壮志未酬、报国无门"的回答，无法对文本进行更深入的理解和对比。而这几年把对比阅读作为考点的作法相当流行。在这种情况下，我觉得学会在时代背景下梳理作品相当重要。

二、设计创意

那么，如何梳理呢？我们所学的内容遍布整个文学史，从先秦时代的诸子百家，到唐诗、宋词、元曲乃至明清小说，范围之广，内容之深，如果泛泛而谈则毫无意义。于是，我决定以最近刚刚学过的苏轼的《记承天夜游》为切入点,来感受一下北宋文章的精彩。同时,对比八年级学过的几首宋词,如陆游的《诉衷情》、辛弃疾的《破阵子》,感受因作者时期不同(北宋与南宋)而使作品呈现出的完全不同的风格,从而能够更深刻地体会诗文背后的深意,加深对人物的理解。

三、精彩过程

资料准备: 关于北宋与南宋的地图对比、国情对比、过渡事件的PPT。

课前准备: 学生按自愿原则分组,自行复习文本和三位作家的背景知识。

目的: 知道不同的时代背景对当时文人的思想的影响,进一步复习几篇中考篇目。

引入实录: 复习引入

师:活动1是"头头是道":论述《记承天夜游》相关文学常识,并且关联所学习过的篇目,能进行简单讲解,答对一点得1分,答得精彩得2分。

生:那怎么样算精彩?

师:我们看掌声吧!

生:那我给自己鼓掌。

师:你的不算,别的组鼓掌才算。比赛现在开始,我们从第一篇《记承天夜游》开始,抢答开始。

生:老师,我来说文常:苏轼,字子瞻,号东坡居士,世称苏东坡,北宋著名文学家、书法家。这篇文章选自《东坡志林》,没有背过中心!老师,加1分!

(其他组嘘声一片。)

师:好吧,加1分,其他组还有补充吗?

生:老师,我来补充一下,说这篇文章没有中心并不确切,其实这篇文章是有中心的。看似写景叙事,其实表达了作者一种复杂的心境,从"闲人"二字中我们可以一探究竟。从解释来看,闲人是指无事可做之人,那么应该是指苏轼和张怀民特别闲,可是为什么那么闲?

生:被贬了!

生:或者又被贬了!(笑声四起。)

生:对,既然是被贬,那么必然是心神不定、苦闷异常,文中也写了睡不着,所以中心一定有被贬后的苦闷之情。他找张怀民也是这个原因啊,因为张怀民一样被贬了,所以他们同是天涯沦落人。另外,这里的"闲人"还有点自我讽刺的意味,还有……

生:好了,再讲就被你讲完了!

师:那么我们留点机会给其他同学。掌声在哪里?谁接上?

(学生鼓掌,+2分)

生:我接着,苏东坡可不是一般人,不仅仅有被贬的苦闷,更多的是一种愉悦和豁达。愉悦我不讲了,文中有"欣然起行";豁达则体现在他的议论上,"何夜无月?何处无松柏?但少闲人如吾二人者"。说明他很看得开啊,这闲人,也是志趣高雅、心胸阔达之人,自然也是中心情感的一部分。

(学生鼓掌,+2分。)

师:也很漂亮,可惜都是我上课讲过的,有没有更精彩的?

生:老师,我来讲讲,我们七年级学过苏轼的《江城子·密州出猎》,可以佐证苏轼的豁达心胸。因为被贬后他丝毫没有消沉,依然发出了"会挽雕弓如满月,西北望,射天狼"的强音,这里就体现了他强国抗敌的政治主张,抒写了渴望报效朝廷的壮志豪情,完全不受个人官海沉浮的影响。可见苏轼的豁达!

(学生掌声鼓掌。)

师:特别精彩,能够结合已经学过的内容来佐证人物性格,答得漂亮。

生:那么老师,加3分吧。

师:说过2分就2分,不能没了规矩。还有补充吗?

生:那老师,我说偏了行不行?苏轼不是和辛弃疾合称"苏辛"吗?我说辛弃疾行不行?

师:可以啊,你来讲吧。

生:我们学过一首和《江城子》差不多的篇目:辛弃疾的《破阵子·为陈同甫赋壮词以寄之》。我记得那一篇的中心是"抒发了壮志未酬而年近半百、时不我与的悲凉和无奈",好像更偏重于被贬的痛苦之情。

师:好了,既然你们已经讲到了北宋与南宋,我们就索性先来看一下,到底为何同样是被贬,两个并称的词人却表现出了完全不同的心境。

(教师出示地图及PPT,比较北宋与南宋。)

师:那我们现在开始"活动2:找不同",找找北宋与南宋最根本的不同,找到一点加1分。

生：形状不同算吗？

师：那叫形状不同吗？那形状为什么不一样？

生：哦！是国土面积不一样，南宋面积明显小了很多。

生：还有都城，明显不一样了。北宋在东京（今河南开封），南宋跑到南京（南京应天府，今河南商丘）去了，皇帝跑了。

生：还有在文字论述中，虽然同样是群强环伺，但是北宋没有受辱，就是交钱纳贡，而南宋丢人了啊，丢了皇帝！

师：很好，各加1分。也就是说，相对而言，北宋的政治环境更为安定一些，给国家的发展提供了相对稳定的环境，尽管也是群强环伺，但是比南宋好多了。南宋刚刚经历过靖康之耻，老皇帝被抓，而小皇帝不但不想着如何报仇雪恨，反倒马上躲起来登基，因而对于当时有血性的文人们而言是很沉重的打击。

师：接下来，难度再深一些，再回头看看作品和作者，你又发现了哪些关键性的不同。

生：对了，讲陆游和辛弃疾的时候，老师曾经反复强调他们"对南宋小朝廷的不满"。当时以为仅仅是因为南宋偏安一隅，不肯和金、辽开战，现在看来国仇家恨一样重要，想说还不能说，所以才有"却道天凉好个秋"，所以才是壮志未酬、报国无门。而苏轼文章的中心，可能更偏重于渴望报效国家，因此尽管同是报国无门，但苏轼要积极乐观得多，"会挽雕弓如满月，西北望，射天狼"，还是希望投身战场，报效祖国，完全没有那种"心在天山，身老沧州"或者"可怜白发生"的悲凉。但是我不知道这是不是因为南宋和北宋的区别造成的，还是因为人的缘故。

师：中心情感的不同，答得非常到位，而且非常深刻。我们先忽略人的个性因素，仅仅看时代背景的因素，有没有同学能从所学作品中进行佐证？提示，刚学过的篇目。

生：是指《岳阳楼记》和《醉翁亭记》吗？一个是追求古贤人"不以物喜，不以己悲"的高尚境界，发出"先天下之忧而忧，后天下之乐而乐"的政治理想；另一个则是"寄情山水，更要与民同乐"。虽然一样被贬异乡，却丝毫没有抑郁不平之气，都是豁达积极的。而辛弃疾的《破阵子》《丑奴儿》也好，陆游的《诉衷情》也罢，总是给人感觉在悲鸣，这是因为他们历经了靖康之耻，所以作品中总是掩不住屈辱之情和对朝政的不满之气。

生：所以朗诵的时候，总觉得音很低，调子很悲。而苏轼的却总是大开大合，激情昂扬。

师：估计有些同学已经开始迷糊了，不过三位同学还是应该各加2分，都触碰到了关键问题,即时代背景对作者思想情感的影响。

生:我还可以补充,所以有"奉旨填词柳三变"的只谈风月,不谈政治;还有易安居士的"知否?知否?应是绿肥红瘦"的闺中闲趣。他们都是因为北宋相对国泰民安,不存在"国破山河在"的感慨,所以才能思念爱人的思念爱人,感慨青春的感慨青春。

师:是的,不过李清照却是一个非常有趣的点,因为她见证了北宋到南宋的变化,所以她的作品也是分为两个时期的,前期是闺中情趣,而后期则既有身世感慨又有对国家大事的关注,可惜初中阶段并没有接触。这里就不扩展了,但是有一首,我们是学过的:"生当作人杰"。

生(全体):死亦为鬼雄,至今思项羽,不肯过江东。

师:猜一猜,写在什么时候?

生:南宋。

师:挺聪明的,大概明白南宋和北宋的区别了。再问一个,不是考试范围,岳飞的《满江红》,也就是岳飞是哪个时代的?(PPT展示篇目)

生:南宋。

师:非常漂亮。所以我们来看,2016年嘉定区一模卷就曾经把《江城子》、《诉衷情》、《破阵子》三篇放在一起进行比较阅读,而闵行区同样选择把《诉衷情》和《破阵子》进行比较阅读。当然更常见的是把《醉翁亭记》和《岳阳楼记》两篇进行比较阅读,在同处北宋时期,历史背景接近的情况下,我们的探讨中心就更偏重于作者的性格特点。因此,将人物和中心放在一个历史大背景下,我们更容易辨析和理解诗文背后的精彩。

……

四、成效评述

首先,也许是因为初三的复习确实缺失一定的趣味性,所以小组竞赛的方法有效地调动起了学生学习古诗文的兴趣,使他们愿意多花一些时间在基本功上,比如背课文、背解释和中心等。

其次,采用文图结合的方式,能够更好地让学生去理解北宋和南宋的区别。对于靖康之耻的讲述,更使学生感受到了屈辱和国仇,能够充分调动起学生的情感,唤起他们与作者之间的共鸣;使学生能更深刻理解到,那些作为国家脊梁的文人们,在那一时刻内心的痛苦与愤恨,因为不能复国,因为不能报仇,从而发出的慷慨悲歌。

最终,形式还是为了目的服务。我最终的目的有两个:第一,为答题,为分数。对于回答关于宋代诗词文的鉴赏题,本课的练习效果显然不错,选择和问答题的正确率有质的变化。第二,为方法,这才是最终目的。初中的内容到底浅显,说白了背中心能够解决绝大部分问题,但是对于比较阅读的方法的掌握,才是学生真正需要的,这是能力的培养与提高。

在这节课,我仅仅是从时代背景对作者思想的影响入手,对几篇古诗文及其作者进行了探讨和比较。通过本节课,学生至少学会了一种方法,即作者也好,作品也罢,都不是孤立的,必须放在时代背景下来考虑,作者身上往往刻画着一个时代的烙印。如果拓展开来,还可以看一位作者的变化,比如李清照,或杜甫,只是时间有限,无法实施。学习内容很重要,但是更重要的是学生通过内容学会的方法。

(上海市曹杨二中附属江桥实验中学　白晓阳)

案例7: 类比情境辅助概念理解

一、设计背景

随着教育的发展,越来越多的教育者们倾向于让孩子们"学在其中,乐在其中",使学习变成一件快乐的事。作为一线年轻教师,面对可爱的孩子们,我始终在思考:"在科学地设定好教学目标后,应该选择什么样的教学方法,才能让课堂变得有意义、有意思?"基于"快乐学习"的理念,在课堂教学中,我会根据知识特点设计一些情境案例,将课本中的重点知识进行"变身",让知识"活起来",进入到预设的情境当中,然后将学生带入,完成知识点的教学。

二、设计创意

"转录和翻译"是沪科版《生命科学(高中第二册)》教材第六章第二节的重点和难点,因为是微观层面,学生看不见、摸不着,不能很好地理解。鉴于此,我运用了情境教学的方法,将晦涩难懂的知识以情境化的方式带入,以高中学生感兴趣的话题为切入点,将知识中涉及的物质和过程"剧本化"。这样,学生能够很好地深入其中,一步步推动"剧情"的发展,在"剧情的推理"中,将知识理解、内化。

三、精彩过程

师：同学们，大家觉得"爱情"是什么？

生：老师老师，爱情，是两个人的那点事儿。（捂嘴笑。）

师：嗯，不全是，也有可能是多个人的事儿。（老师露出一丝神秘的笑。）

生：哦？（学生期待状。）

师：今天老师就带着大家感受一下一个美丽女孩的爱情经历。（结合PPT上的图。）话说在一个叫作"细胞核"的地方，正在孕育一个"漂亮的女孩"，生育他的母亲唤名"DNA"，女孩母亲的特点是什么？（之前已经讲过。）

生：两条链的大美女。（DNA为双链。）

师：接下来，让我们去看一看这位美丽的母亲是如何"诞下"这位小美女的。首先，在生育孩子的过程中，母亲要把自己的双链打开，以自己其中的一条链为模板，让自己孩子的一个"核糖核苷酸"，按照母亲的意愿（碱基互补配对）进行配对，直到母亲说停止。之后，小美女就诞生了，唤名"mRNA"。这个母亲生育孩子的过程，我们将其命名为"转录"。女孩在家（细胞核）中一点点成长，等到能够独立生活时，她离开了家，去外面闯荡，进入到了社会（细胞质）这片广阔的天地当中，开始奔忙。然后女孩找到了工作，有了一定的社会关系，也挣了不少钱，买了自己的房子（核糖体），就这样每天朝九晚五地生活着。因为独立、漂亮，她有不少的追求者。这些追求者神似三叶草，一脸痴情样。女孩将他们统一叫作"tRNA"。在追求女孩的过程中，追求者们会根据女孩的心思（氨基酸种类由密码子决定）给女孩带来中意的礼物（氨基酸）。这样，女孩收到了很多礼物，体会到了爱情的滋味，但同时也看清了男人（tRNA）的真面目，发现他们并不都是善意的，因此女孩决定不再谈恋爱（终止密码启动）。她将以前收到的各式各样的氨基酸用线串成链子，命名为"肽链"（氨基酸脱水缩合形成多肽链），以作纪念，纪念曾经发生过的事情。

生：哇，这个女孩经历还蛮复杂的嘛。（女生窃窃私语。）要是我是那个女孩就好了，不仅有男生追求，还老合着我的心思送礼物，哈哈……

师：接下来，老师要问下大家这里面涉及的人物。女孩叫什么？

生：mRNA。

师：她出生在哪里？

生：细胞核中。

师：怎么产生的？

生：她母亲生的她。（学生发笑。）

师：她母亲叫什么？

生：DNA。

师：母亲生她的时候要遵循什么原则？

生：碱基互补配对原则。

师：女孩买的房子叫什么？

生：核糖体。

师：女孩的追求者叫什么名字？

生：tRNA。

师：这些追求者给女孩买的礼物叫什么？

生：氨基酸。

师：这些礼物是不是根据女孩的喜好买的？

生：是的。密码子决定氨基酸种类。

师：男孩子们为什么最后没有再追求女孩？

生：女孩不想再谈恋爱，有了暗示。终止密码启动。

师：女孩如何处理男孩子们送的礼物？

生：将礼物串起来。脱水缩合形成肽链。

四、成效评述

在班级教学中，我在一个班级中运用了情境教学法，在另一个班级中进行常规教学。在之后的评价阶段，运用情境教学法的班级的学生们能够清楚地记住每一个"人物"的生物学名字，并能将"他们"之间的关系串联起来；在作业的反馈中，运用情境教学法的班级的学生们的作业反馈要好于常规教学的班级，并且在后续教学中的积极性更高。一旦思维得到了激发，在后续知识点的学习中，学生也会不自觉地将某些物质拟人化，然后进行"剧本式"的训练，根据自身的想象，让"他们"发生联系。事实证明，此种教学法具有很好的效果。

（上海海事大学附属北蔡高级中学　赵冉冉）

案例8：问题情境指向知识联系

"提公因式法"教学案例

一、设计背景

所谓问题化学习，是指通过一系列问题来引发持续性学习行为活动，并通过一系列问题的解决，达到学习的有效迁移，培养学习者解决问题的认知能力与高级思维技能，实现其对课程内容持久深入理解的教学模式。长期以来，孩子们已经习惯了"被学习"、"被接受"的学习模式，不敢提问，不会提问，而这种模式极大地阻碍了学生的问题意识和创新意识的发展。学起于思，思源于疑，因此，我们的改变要从鼓励学生敢于提问开始，将教学重心从"教学生学会"转向"教学生会学"，为学生创造思考、提问的学习氛围和环境。当然，学生提问并不是问题化学习的全部，它更关注的是学生的学，建立一种以学科问题为基础、学生问题为起点、教师问题为引导的三位一体的教学模式，以此来提高学生的学习效率和学习质量。因此作为教师，我们在思考课堂教学前应该要充分了解本课的基础问题与学生的起始问题，然后再来设计教师的引导问题，最终形成有效的三位一体的问题化教学模式。

二、设计创意

我以"提公因式法"这节课为载体开展实践探索。一是精心设计课堂提问，预估学生的起点问题和生成问题，以此来提高学习的有效性；二是通过小组合作，创设情境，突破教学重点和难点，提高课堂效率。

三、精彩过程

（一）精心设计问题导学

在学习本节课内容之前，学生已经知道如何进行整式的乘法运算，因此在设计本课的导入时，我设计了整式的乘法计算及把多项式写成整式的积这样两个问题。

【忆一忆】计算。

(1) $a(b+c) = $ _____ (2) $(a+b)(a-b) = $ _____ (3) $(a-b)^2 = $ _____

【试一试】把以下多项式写成整式的积的形式。

(1) $ab+ac = $ _____ (2) $a^2-b^2 = $ _____ (3) $a^2-2ab+b^2 = $ _____

【想一想】整式的乘法和因式分解有什么关系？_____

设计这两个问题的目的在于谋求与学生已有的经验知识产生联系，激发他们的兴趣与自主学习的愿望，引导他们发现整式乘法和因式分解的关系。

教师的引导问题是帮助学生生成问题、扩展问题、聚焦问题与解决问题的问题。在学习因式分解和公因式概念时，我直接给出定义让学生阅读。在此基础上通过圈划关键词辨析概念、整理找公因式的方法和步骤等一系列引导问题来推进学习，加深学生对概念的理解和掌握。

设计这两个环节的目的是让学生在简单认知概念的基础上进行判断或应用，推动学生主动思考。

【忆一忆】中的三个问题是整式的乘法运算；而【试一试】中的三个问题是要求把一个多项式化为几个整式的积的形式，我们把这个过程叫作因式分解，也叫作把这个多项式分解因式。

仔细阅读教材第39、40页的内容，并回答下面的问题。

【找一找】你认为因式分解概念中的关键词有几个，它们分别是：

_____

【辨一辨】下列等式中，哪些从左到右的变形是因式分解，并说说你判断的理由。

(1) $a(a+b) = a^2+ab$ (　　)　　(2) $2a^2-3ab = a(2a-3b)$ (　　)

(3) $a^2+a+1 = a(a+1)+1$ (　　)　　(4) $x+1 = x\left(1+\dfrac{1}{x}\right)$ (　　)

【读一读】分解因式：$ma+mb+mc = m \cdot a + m \cdot b + m \cdot c = m(a+b+c)$

m 是 $ma+mb+mc$ 中各项都含有的相同的因式，我们把一个多项式中每一项都含有的因式叫作这个多项式的公因式，而 m 就是 $ma+mb+mc$ 的公因式。请你把多项式的公因式概念中的关键词圈划出来。

【找一找】找出下列多项式各项的公因式。

(1) $ab - bc$ _____ (2) $a^3x + 4a^2y$ _____ (3) $3x^2 + 6x$ _____

(4) $4x^2y - 12xy$ _____ (5) $8a^3b^2 - 12ab^3c$ _____

【理一理】根据上题,你能整理出找公因式的方法和步骤吗?

(二) 学习方式的探索

在本节课中,我主要通过两次小组合作学习来突破本课的教学重点和难点。第一次合作学习主要围绕寻找公因式的问题展开。在学生的预习过程中,我发现学生们在同一道题目中找到的公因式不同,这使他们产生了不小的争议。对此,在教学过程中我出示了学生们的不同答案,要求他们在小组内进行交流讨论,最终确定如何来寻找公因式。通过对不同答案的探讨,学生们加深了对公因式概念的理解和掌握,也对要提取的公因式有了一个明确的认识。

【找一找】找出下列多项式各项的公因式。

(1) $ab - bc$ __b__ (2) $a^3x + 4a^2y$ __a^2/a__ (3) $3x^2 + 6x$ __$3x/x$__

(4) $4x^2y - 12xy$ __$4xy$__ (5) $8a^3b^2 - 12ab^3c$ __$4ab^2$__

小组讨论下列问题:

(1) 有些同学第二小题的答案是a,请问a是这个多项式的公因式吗?

(2) 有些同学第三小题的答案是x,请问数字3和6有没有公共的因数?

(3) 小组交流讨论确定公因式的方法和步骤。

通过三个问题,明确怎样确定公因式,为后面进一步学习扫清了障碍。

第二次合作学习主要围绕学生质疑中的第三个问题(多项式中的某一项作为公因式提取,1可以省略吗?)和第四个问题(为什么当多项式的第一项为负数时,要提负号,提取时要注意什么?)展开,这两个问题既是预学习中错误比较集中的问题,也是这节课的难点之一。因此,我设计了几个问题请学生展开讨论。

> **【议一议】** 把下列多项式进行因式分解,并回答下面问题。
>
> (1) $20x^2y - 4xy^2 + 2xy$ (2) $-3ab + 6abc - 9ac$
>
> 小组讨论并请代表回答:
>
> (1) 在分解因式的过程中,你们小组成员出现了哪些错误?产生错误的原因是什么?
>
> (2) 针对上述错误,我们在分解因式的过程中要注意什么,请提出相应的对策。

在这次的合作学习中,同学们讨论得尤为热烈,不仅纠正了错误,还找到了产生错误的原因。尤其是在寻找避免出现这些错误的对策时,同学们给了我很多惊喜,有些是我在课前预设中完全没有想到的。这次的小组合作给学生创设了更多的思考空间。

四、成效评述

在本节课的教学中,我通过问题教学,进行有效的课堂提问,尽自己所能让学生真正成为学习的主体,让学生有充足的时间思考、交流、总结经验方法,以小组合作学习的方式调动学生学习的动力和兴趣。小组合作学习的方式给我的课堂教学注入了活力,促进了师生、生生之间的交流,培养了学生的合作意识、团队精神,从而达到互相学习、共同提高的目的。

陶行知先生说:"先生的责任不在教,而在教学,而在教学生学。"通过本节课的教学,我充分感受到先生这句话的意义所在。问题化学习的课堂,对教师而言,意味着更大的机遇和挑战,随着学生提问能力的不断提高,教师要付出比平时更多的精力,去精心设计问题和引导学生的自主学习。为了学生的终身发展,这一切都是值得的。课堂的教学不应是老师一个人的演出,让我们与学生一起,成为剧中不可或缺的一分子,让我们的课堂更精彩!

(上海市虹口区教育学院实验中学　高　馨)

案例9: 问题情境引导知识应用

一、设计背景

教学内容为沪教版《数学(六年级第二学期)》8.1节"长方体的元素",该节内容是在小学五年级第二学期4.8节直观认识长方体并进行简单计算的基础上,由直观具象几何向空间抽象几何转变。本节课的教学目标为:通过观察,知道长方体有八个顶点、十二条棱、六个面;通过动手操作,理解长方体的三组棱相等、三组面相同;应用长方体元素解决长方体棱长、表面积、体积的简单问题。应用与解决问题也是本节课的难点。

二、设计创意

以周五学生即将进行的春季素质教育——参观常州中华恐龙园作为主线,由装运恐龙骨架的器具引出本堂课所要学习的长方体。在之后的例题学习中,继续使用该情境,让学生帮助恐龙园工作人员设计运输箱。这样,既激发了学生的兴趣,使他们感受到学习数学的乐趣和成就感,也由此攻克了本节课的难点。

三、精彩过程

(一) 引入环节

师:周五我们就要去常州中华恐龙园春游了,常州中华恐龙园有很多收藏恐龙骨架的器具,如图所示。(出示课件,见图1—2)

图1　　　　　　　　　　　　图2

图1—2　装恐龙骨架的器具

师:请问这是我们数学中已经学过的什么图形?

生(全体):长方体。

师:今天我们要在小学的基础上继续认识长方体,学习长方体的元素。(板书:§8.1

长方体的元素。)

(二) 应用环节
问题1：

师：恐龙园里有很多恐龙化石，为了将恐龙化石进行修复与维护，需搭建一个长方体运输箱来搬运恐龙化石。若采用3米、2米、1米的木棍作为该长方体运输箱的长、宽、高。①那么共需要木棍(木棍厚度不计)多少米才能搭出该长方体运输箱？(不考虑接口)②为防止太阳曝晒，运输箱需覆上遮光布。请问需要多少平方米的遮光布？(底面也覆上遮光布，不考虑接缝)③该长方体运输箱的容积有多大？

(学生独立思考完成导学稿，教师巡视。)

师：我们先来解决第一个问题。

生：$3×4+2×4+1×4=24$ 米。

(教师板书。)

师：可利用棱长的计算公式：长×4＋宽×4＋高×4 或(长＋宽＋高)×4 解决第一个问题。

师：第二个问题求所需遮光布的面积就是求什么？

生：长方体的表面积。

师：请一位同学来与大家分享你是怎么做的。

生：$(2×3+1×3+1×2)×2$
　　$=11×2$
　　$=22$(平方米)。

(教师板书。)

师：根据以上算式，长方体的表面积计算公式是什么呢？

生：(长×宽＋长×高＋宽×高)×2。

师：因为长方体有六个面，分为三组。所以我们可以将每组中的一个面算出后相加，再乘以2。

师：第三小题中的长方体运输箱的容积是求什么？

生：长方体的体积。

师：如何求解呢？

生：长方体体积＝长×宽×高

$\qquad$ ＝3×2×1

$\qquad$ ＝6(立方米)。

(教师板书。)

问题2：

师：若木材供应商提供了长24米的木条，将它截开后刚好能制作这个长方体运输箱，这个长方体的长、宽、高的长度为整数米，且都不相等，求这个长方体运输箱的长、宽、高。

(让学生先独立思考，然后同桌两人进行讨论。教师巡视。)

师：有哪些同学已经可以帮忙解决这个问题了？

生：长是3米，宽是2米，高是1米。24除以4等于6,6除以3等于2,2加1等于3,2减1等于1。

师：得到的6米表示什么？

生：长＋宽＋高的和。因为长宽高都不同，那么就是一个减1，一个加1。

生：前面部分不变，还是得到6米。首先，不可能等于0米，也不可能是6米。接下来，5米、4米也都不可能。所以只有3米、2米、1米了。

师：题目要求长、宽、高均不相等，且它们的和为6，所以只能将6拆成1＋2＋3。由此得到，长方体的长、宽、高分别为3米、2米、1米。

问题3：

师：搭建后，恐龙园工作人员发现先前估计不足，搭建的长方体运输箱过小，无法装下该恐龙化石，要求木材供应商提供长32米的木条。而将它截开后刚好能制作一个更大的长方体运输箱，这个长方体运输箱的长、宽、高的长度为整数米，且都不相等，求这个长方体运输箱所需的遮光布面积和它的容积。请大家独立思考。

（学生完成导学稿，教师巡视。）

师：先请同学来解决这个长方体运输箱的长、宽、高。

生：$32÷4=8$(米)，$1+3+4=8$(米)。

师：请问还有不同的拆法吗？

生：还可以拆成1、2、5。

师：还有吗？

生：没有了。

师：因为长方体的长、宽、高均不相等，且它们的和为8，所以只能将8拆成$1+3+5$或$1+2+5$。由此得到长方体的长、宽、高有两种情况，再根据长、宽、高来计算长方体的表面积与体积。

四、成效评述

通过连续性的生活情境设计，本节课的教学目标落实得较为充分，教学难点也得以攻克。

在引入本课时，利用学生所熟悉的生活素材又不脱离数学特征，抓住了学生的兴趣点。图片的直接展示让学生既对长方体有了直观的感受，同时又回忆起小学时已经学习过的长方体的相关知识，起到了"承上"的作用。本堂课的开端就引人入胜，自然为后续的新课探究作了良好的铺垫。

在知识应用环节，继续使用引入时的情境，使整堂课有很强的连贯性，更是激发了学生尝试解决问题的求知欲。数学的"例题"与"练习"常令学生觉得枯燥乏味，当难度逐步增加时，学生便会望而却步，开始注意力涣散，无法集中于课堂。而当平时的例题与练习变为帮助他人解决难题时，学生能在这样的过程里找到成就感，学习兴趣与专注度就有了大幅的提升。当学生独立思考遇到困难时，同学之间的讨论又提供了一条新的解决问题的路径。一步步地提升难度，一次次地探索解决问题的方法，在这样循序渐进的过程里，学生更深刻地理解了长方体的三组棱相等、三组面相同的知识，也攻克了应用长方体元素解决关于长方体棱长、表面积、体积的问题这一难点。

同一生活情境贯穿整堂课，让学生自始至终都沉浸于课堂，饶有兴趣。可见，学生对于数学问题的畏难情绪，常源于认为数学题枯燥乏味的主观意识。当数学问题贴近生活，可帮助他人解决问题并获得成就感时,学生即能找到学习数学的乐趣。

(上海市嘉定区启良中学　高　远)

案例10: 对话情境促进异同辨析

一、设计背景

正方形是日常生活中应用较广的一种几何图形,也是学生接触较早的几何图形之一。本案例所涉及的课时内容"正方形"是沪教版《数学(八年级第二学期)》第22章第3节第4课时的内容。学生在上该课之前,已经学习了平行四边形、矩形、菱形等知识,且具备了初步的观察、操作等活动经验,所以该课既是前面所学知识的延续,又是对平行四边形、矩形、菱形等知识进行整合的不可缺少的重要环节,也为学生后续的几何知识学习作铺垫。该课的教学目标是:(1)理解正方形的概念,知道它与平行四边形、矩形、菱形之间的内在联系;(2)初步掌握正方形的性质及其基本运用。

二、设计创意

从小学起,学生就开始接触"正方形"这种几何图形,故对正方形的认识可能有着定势思维。有的学生可能不知道正方形既是矩形又是菱形,也是平行四边形,往往搞不清楚它们的共性、特性及从属关系;有的学生经过之前的学习,对此有所认识,但对相关知识的理解停留在死记硬背的层面。因此,为了打破定势,让学生头脑中产生数学思维活动,我设计了"画一个正方形"的操作,并提出"为什么这么画?"这个问题。这个设置具有即时的课堂生成效应,学生的反馈真实自然。再借助两个辅助工具——同屏器和可视化思维导图,加速、加深学生所学知识的内化过程。

三、精彩过程

师:大家看一下地砖是什么形状?
生:正方形。

师：今天，我们一起来研究一下这个我们从小学就开始认识的几何图形。如何更进一步认识这个"老朋友"呢？请大家先在纸上画一个正方形，然后和自己的学习小组的同学一起交流交流"你是如何画的"。

（在几分钟的操作交流的过程中，教师走下讲台，利用手机记录下几位学生的作图过程，然后在全班面前播放刚才记录的作图视频。）

师：请大家先看一下几位同学的作图视频，也请其中一位同学说明一下你是如何画的。

（一位学生解说画正方形的方法和步骤。）

师：老师归纳一下，这位同学是这样画的：先画一条2厘米的线段，因为正方形的四个角是直角，所以过这条线段的两个端点，接着画两条2厘米的垂线段，最后连接这两条垂线段的端点，就得到了一个正方形。那么大家确认这位同学画的是一个正方形吗？

生（齐声）：确认。

师：能说说为什么吗？

生1：他画了直角，四个都是直角，说明这是矩形，正方形是矩形。

师：能说明是矩形，就能说明是正方形吗？

生2：矩形不一定是正方形，但正方形是特殊的矩形。

师：不错。那这个矩形特殊在哪里？

生2：这个矩形的四条边相等。

师：矩形的对边本身就相等，也就是说这个矩形特殊在它的一组邻边相等。

（板书：一组邻边相等的矩形是正方形。）

师：大家还有其他想法吗？

生3：他其实画了3条2厘米的线段，第四条也可以看出是2厘米，这是菱形。

师：这个菱形是正方形吗？有什么特殊的地方吗？

生4：是，它还有四个直角。1个直角就够了，因为菱形是平行四边形。

师：好的，那我们归纳一下这位同学的观点：这个特殊的菱形有一个直角。

（板书：有一个内角是直角的菱形是正方形。）

师：刚才几位同学都通过作图视频结合刻度尺，分别从矩形和菱形两个角度来分析。（老师再放了一次刚才的作图视频。）请问根据刚才这位同学的操作视频，其实我们一开始就可以推出这是个什么四边形呢?

生4:平行四边形。

师:为什么呢?

生4:其实他先画了一个"一组对边平行且相等的四边形",这是平行四边形。

生5:而且这个平行四边形有一组邻边相等,是菱形。

生6:还有直角,是矩形。

师:对的,这就是正方形的定义。

(板书:有一组邻边相等并且有一个内角是直角的平行四边形是正方形。)

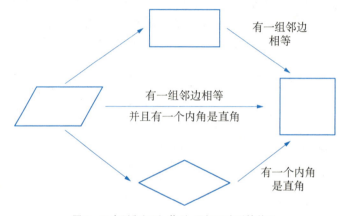

图1　正方形和矩形、菱形、平行四边形的关系

师:看来大家知道"如何画",也了解了"为什么这么画"。如果还有其他画法,欢迎课后交流。这也就是学习上的"知其然,知其所以然"。

……

师:从刚才的学习中,我们可以发现:正方形,首先是平行四边形,故应该具有平行四边形的一切性质。同时正方形还是矩形,也是菱形,所以也应该具有矩形、菱形的一切性质。那么正方形有哪些性质呢?

生7:四个直角,四条边相等。

生8:对角线相等。

生9:对边平行。

生10:对角相等。

生11:有一组邻边相等。

生12:对角线互相垂直。

……

师:大家说了这么多,老师有点记不住了,有什么好方法帮助记忆吗?

生13:可以像平行四边形的性质那样,从"边、角、对角线、对称性"四个角度来分析。

师:那我们就根据刚才这位同学的建议,一起来画一下这个思维导图(如图2)。

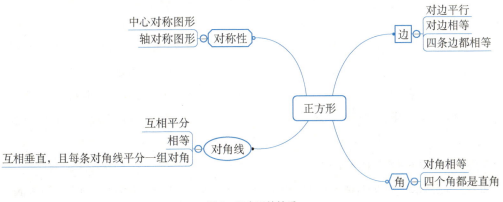

图2　正方形的性质

四、成效评述

通过借助同屏器和可视化思维导图产生的交互式体验,使得本课的课堂对话不再局限于师生,而是发散到了生生、生本等层面,这也使得本课教学目标的落实不是平面单一的,而是多维度可操作的。

首先,学生对正方形的认识更具数学味了。(1)从知道正方形进一步升级为理解正方形的概念。(2)从为了"应试"而死记硬背正方形与平行四边形、矩形、菱形之间的内在联系转化为"探究"正方形与平行四边形、矩形、菱形之间的内在联系。

其次,学生对于这种承上启下的数学知识的学习更有方法了。(1)知道通过模仿之前学习的过程来学习后续内容。(2)会整理归纳所学的知识,进一步懂得如何将所学知识进行内化。

最后，相对于实验几何，论证几何的教学要求有所不同，数学思维的难度有所不同。如何让学生通过直观经验和逻辑推理过程的有机结合来探索图形的性质，是我思考的方面。

鉴于所教班级学生的基础较弱，为保证课堂效率，往常在这课的引入上，我采取直接引进正方形概念的方式，然后以"直接测量法"来引导学生测量、分析、归纳正方形的相关性质。虽然看似让学生经历了操作、观察等数学体验活动，并发现了图形的性质，但我总感觉学生的数学思维体验不足，课堂对话属于操控类型。

将同屏器引入课堂后，我对这课的设计进行了思考。初三学生在论证几何数学学习上面临的困难和问题，相对于六、七年级的实验几何学习增加不少，需要学生真正将知识进行"内化"操作。而在教学过程中，既要重视学生学习兴趣的激发和保持，又要对学生的数学思维活动加强指导。于是，我将"直接引进正方形的概念"的方式改成"画一个正方形"。同时，走下讲台，引导学生对正方形进行类比学习。在此探索过程中，利用手机有选择地记录学生的学习状态，同时还能实时地近距离进行师生交流对话。然后，在讨论过程中，利用同屏器将手机记录的学生探索过程同屏到电子白板上，由学生加以讲解，使得生生对话有了直观的支持。

教师利用手机等工具自带的摄像头捕捉课堂教学活动，客观地记录课堂的精彩瞬间和学生在课堂中生成的知识，这种由同屏器带来的交互式体验有利于教师在课堂上诊断学习状况，也便于其发现问题和解决问题。

（上海市嘉定区震川中学　朱华盛）

案例11：直观情境辅助语言表达

一、设计背景

随着课堂转型力度的不断加强，教师的教学理念和学生的学习状态都在逐渐发生转变，多媒体介入课堂教学的状况日益普及，学生动口的机会大大增加，语言能力得到了较好的培养。但是，如何缩小我们公办初中和民办初中的差异？如何让我们英语课堂教学不流于形式，提高我们公办初中学生学习英语的课堂实效性？这些是我一直在思考的问题。本案例以上海新世纪版《英语（七年级第一学期）》Unit1 Lesson 2 "New Housing Estates"为执教内容，利用多媒体辅助情境教学。根据直观教学原理和情知对称原理等来设计情境，让学生在贴近生活的环境、语言情境中充分调动积极性，达到掌握本课词汇及句型"used to"的用法，掌握有关住宅区的语言知识，并运用于实际生活的教学目的。

二、设计创意

情境教学的教学模式由来已久。法国教育学家卢梭在其教育论著《爱弥儿》中，就记载了情境教学的事例。在现代教育中，李吉林老师推行的情境教学法讲究创设各种教学情境，调动学生的积极情绪，强调兴趣的培养，提倡让学生在实际感受中逐步认识世界。她把情境教学法运用到英语课堂中，改变了传统的教师一讲到底的作法。因此，我也在英语课上通过情境创设，引导学生从中提取有效信息以促进理解，并运用所学知识进行语言的表达运用，从而助推英语课堂出实效，提升学生的语用能力。

三、精彩过程

本节课的教学过程以学生自主发言为核心，教师起组织者、指导者、帮助者和促进者的作用，利用教学的互相协作、师生对话、渗透情境模式等环节，有效地实现本课的教学目标。以下是这堂课的几个主要片段。

情境设计一：播放一段关于"我的新家"的录像，定格每一张房间的照片，最后定格于居民区的画面。

T: Boys and girls, let's watch a video first. Maybe some of you are very familiar with housing estate.（播放关于我的新家和周围环境的录像，此时学生们基本上都在全神贯注地观看，他们很快可以从录像中看出是哪个居民小区的环境，看完后已经处于跃跃欲试的状态。）

S1: Miss Tang, is it LongAn Housing Estate in Anting?

T: Yes. How do you know that?

S1: The gate is very special.

S2: The color of the building is brown. I often play in the swimming pool.

......

(此时，课堂话题已经自然而然地过渡到 New Housing Estate，并以 brain storming 的活动形式复习一下本课的词汇。)

T：All is right. You have known which estate it is by things around it. So if I give you a topic "New Housing Estate"，which words will you think of?

S3：Green area.

S4：Open space.

S5：A children's playground.

S6：A swimming pool.

S7：Transport.

......

(最后，教师把学生所呈现的词汇进行归纳和补充，并让学生齐声朗读一遍。)

第一环节是导入环节，通过图文加语言的生动描述来向学生介绍"我的新家以及周边环境"，引出今天的主题。这一情境活动是从学生的直观角度出发，让彩色画面吸引孩子的注意力，而不是简单的想象。熟悉的小区环境引发了学生的好奇心和说的欲望，顺利完成本课的导入；同时巩固了一下课文中会出现的词汇，课堂关键词汇学习的目标已经达成。

情境设计二：新老住宅区图片对比展示

通过用 PPT 显示两张新老住宅区的对比图，教师先进行引导。

T：I used to live in a small flat，but now I live in a bigger one. Please pay attention to the sentence pattern "used to". If you want to tell us something different between the two pictures，please use the sentence pattern.

(通过创设情境地图，引出住宅区方位、周边环境、设施等。通过两张图片向学生展示旧的住宅区和新的住宅区，并邀请学生看图说出两张图片的差异。)

S1：We used to live in a small flat，but now we live in a bigger one.

S2：People used to work on foot，but now they go to work by underground.

S3：There used to be a lot of old houses，but now you can see many highrises.

……

（接着教师放大新住宅区照片，让学生思考 3 个问题：Q1：What can you see in the new housing estate? Q2：What kind of nice facilities does the new housing estate have? Q3：What about the public transport?）

学生借助清晰的图片看出 large open space、swimming pool、children's playground、green area 等小区设施的变化，在观察的过程中发挥自己的主观能动性，用英语来表达所看到的。当然在这个教学过程中，学生的语言会有一些语法错误等，教师在最后归纳时会予以纠正。通过大屏幕显示的资料，教师告诉学生现在越来越多的变化不断地发生在我们的周围，然后抛出问题："Which housing estate do you prefer to live in ? And why ?"学生回答后，教师引出新课"New Housing Estates"。接着通过听力练习、回答问题和朗读活动完成对课文的理解和学习。

第二环节是在完成词汇目标后，紧接着呈现两幅居民区的对比照片。图片情境设计的主要目的在于通过新老照片的对比，让学生有物可寻，降低了学习难度，使学生学会使用"used to"句型，并进行一定的操练，为接下来的学习课文作好铺垫，同时完成了本堂课的句型目标任务。再通过听力训练和回答问题等活动，帮助学生学习课文、熟悉课文，使课文的学习水到渠成。

情境设计三：模拟参观住宅区活动，介绍住宅区

在完成课文学习的基础上，我设计了一个小组活动，让住在同一小区的同学组成一个小组，讨论一下自己小区的实际情况，讨论结束后派一或两个代表进行介绍。介绍的形式是模拟全班同学在这个小区进行参观活动，代表们是导游，他们介绍时呈现各自住宅区及周边环境的照片在黑板上（课前布置的任务，拍几张住宅区及周边环境的照片），而同学们也可以根据照片的内容，以及代表们的语言来了解不同小区的情况。第三环节旨在让学生在学习了课文后，利用一个假设的情境，用所学的语言进行交际活动，从而对课文有更好的理解。以下是比较有代表性的两位同学的介绍。

My Housing Estate

图1　学生住宅区介绍图片

　　This is my housing estate. It has four main parts, they are children's garden, playground, buildings and a big lake. When you walk into my housing estate, you will be very surprised to see many trees and flowers. This is a small playground, there are a lot of fitness equipments for our use. Children can climb in the small hill and play slides happily. Near the chilren's garden, there's an area for the olds to sing and dance. There is a lake behind my home. Many fishes swim in it in summer. In addition, the traffic is very convenient. It takes me only ten mimutes to walk to my school. And there's a big supermarket near my home. I really like my housing estate very much.

My Housing Estate

图2　学生住宅区介绍图片

　　Welcome to my neighborhood! It has a very beautiful environment, does't it? There are many plants and flowers in my housing estate, such as sweet scented osmanthus tree, camphor tree, magnolia and so on. I live in building 19. There is a big playground in front of it. When I go to school, I can see many old people with their grandchildren doing morning exercises in the playground.

Near the playground, there is a small pavilion for people to have a rest. Behind the pavilion, there is the community committee. My friends and I usually do community work here.

What's more, the traffic around the housing estate is very convenient. It costs me about ten minutes' walk to get to Metro Line 11. In addition, there's a very modern shopping mall near my housing estate. I often go shopping with my mother. I love my housing estate!

情境设计四：角色表演

第四个情境是在掌握了新住宅区的基础知识和语言的基础上，为了进一步巩固和拓展学生的语言应用能力和培养他们对英语的学习兴趣，我设计了一个 role play（角色扮演）活动。具体形式是：根据个体参与和全体齐进的原理将全班分为 4 个小组，每个组选出两名成员扮演记者，还选出两名成员扮演居委会干部。"记者"先去"居委会"联系采访，请他们谈谈小区的变化以及将来的规划，并做好记录。采访后将收集到的信息整理成文，由各小组选出代表进行"住宅小区记者交流会"的汇报。汇报时必须使用英语，并配上手绘图片或照片等。这一环节在活跃课堂气氛的基础上，充分调动了学生的积极性，培养了孩子的合作能力、语言能力和学习能力。

As a reporter, I made an interview last Sunday. This interview is about the development of the Sunshine community. The neighborhood committee director received me. She told me a lot.

She said that community had changed a lot. The community facilities have become advanced. The quality of equipment has been improved. The director thinks that they will do their best to change the community.

In the future years, they will plant plenty of seedlings. They plan to build a swimming pool, entertainment venue. These games are fit for old and young, man and woman.

All in all, they are full of hope. Thank you for listening!

Reported by 徐菁妍

I have just interviewed a new housing estate last Friday. I also visited their neighborhood committee.

Its members told me many changes had taken place in their housing estate in recent years. For example, the rivers in the neighborhood became cleaner and cleaner. And the green area used to be small, but now there are big enough. What's more, the members in the neighborhood helped others more often than before. Commitee members will inform the pet's owners to take good care of their pets and make the environment quiet and clean. This is the end of my report.

Reported by 蒋子涵

四、成效评述

在这节课中，我在各个环节中创设了不同的情境，情境设计一的主要目的是让学生复习一下所学的知识，快速进入课堂节奏，并对新课的词汇进行巩固。情境设计二的主要目的是通过直观感觉图像对比，让学生观察并更快更好地描述新住宅区的特点，对句型先进行一个简单的操练学习。情境设计三的主要目的是巩固课文内容。情境设计四的主要目的是拓展所学知识的同时，通过一些情境创设出假交际环境，培养学生进行交际的语言能力，提升学生对于英语语言交流的兴趣，活跃课堂气氛。通过四个贴近学生生活的情境，把学生的个人生活和周边事物融入教学中，让学生明确此前学过什么，本课主要学什么，并在教学中调动学生的直觉、灵感和兴趣等。而四个情境设计又围绕英语教学的最基本规律，从学习课文的词汇，到句型，到段落，再到巩固提升，由简到难，层层递进，使学生自然而然地融入英语课堂中。在这节课后，大多数同学能将所讲的内容背诵出来，对于句型的运用基本在课堂上就能够熟练掌握，从而顺利完成教学目标，切实提高了英语课堂的实效。

（上海市嘉定区震川中学　唐建萍）

案例 12： 娱乐情境激发学习兴趣

一、设计背景

执教内容是六年级上学期"篮球行进间运球"的第 5 次课。教学目标是通过小团队自编自创练习方式,让学生之间团结协作,共同完成一系列挑战,正确处理好球的落点,提高自己控制球的能力,并且养成学生不怕吃苦、懂得付出、顽强拼搏、坚忍不拔等意志品质。

二、设计创意

通过前 4 次课的教学,学生有了较好的直线运球技术基础,对篮球项目的兴趣变得非常浓厚。本次课贯彻"少教多学"的教学理念,将课的主要内容与当前最受欢迎的综艺节目结合起来,组织学生练习和比赛,激发他们的学习热情,从而在完成教学目标的同时达到想要的教学效果。

三、精彩过程

(把篮球车推到球场,让孩子们领好球,整队完毕,总共 6 支队伍。)

师:同学们,回家作业都做好了吗?(上次课的家庭作业是观看一期综艺节目《奔跑吧》(或简称"跑男")和一场 NBA 篮球赛。)

生:做好了!

师:在你看过的节目或者比赛中,有没有你特别喜欢的一段?有没有同学跟大家分享一下节目或比赛中最激动人心的时刻呀?

生:老师,我喜欢看他们空中接力!

生:老师,"跑男"节目中,各小队完成任务得一张任务卡,然后再根据任务卡进行下一项任务,每一项任务都很搞笑,我觉得这样很有意思!

生:老师,我觉得他们篮球比赛的水平很高,配合得太好了!

生:老师,我看的比赛中有一个运动员投篮太准了,三分球一投一个准!

……

师:好,同学们的分享真是让人热血沸腾,高水平的篮球比赛真的非常厉害,"跑男"节目也很有意思,谢谢同学们精彩的分享。那么今天,我们也来做一档"奔跑吧,篮球"节目如何?

生:好呀,好呀!

生:老师,这个好新鲜,我们要怎么做?

师:咱们今天课的主要内容是行进间运球,重点是同学们在练习过程中对球的控制,难点是处理好球的落点。本次课我在直线运球的基础上增加难度,模仿"跑男"节目的游戏的方式,为同学们设置了一系列的挑战活动。同学们敢不敢来试一试?

生:敢!(同学们异口同声地大声回答。)

师:哇,同学们这么有激情,看来今天将有一场大比拼啦!那么今天,你们也像电视明星一样来参加挑战吧。下面请各明星队队长前来领取规则卡,每队有5分钟时间进行热身和给小队取名。

(音乐响起,各小队快速地到自己的大本营,开始热身,有慢跑的、做篮球操的、做关节操的,等等,同学们忙得不亦乐乎。)

(哨音响起,同学们快速集合。)

师:同学们,对于游戏规则卡,有没有什么地方不明白的?

生:没有!

规则卡内容:

各小队队员通过运球,集齐隐藏在各自场地上标志桶下的3张标有蓝色R字母的贴纸,获得第一张任务卡。

各小队队员通过运球,集齐隐藏在各自场地上标志桶下的3张标有数字的贴纸,获得第二张任务卡。

各小队队员通过运球,集齐隐藏在各自场地上标志桶下的3张标有路线图的贴纸,获得第三张任务卡。

关卡一挑战内容:

在指定场地,运球经过5个固定标志桶(如图1),完成3种不同路线的运球,并把路线标注在白纸上。第一名队员完成后,第二名队员才可以出发,以此类推,所有队员必须完成所有路线才算挑战成功。完成挑战后,获得下一关提示卡。

图1 关卡一挑战内容

关卡二挑战内容：

在指定场地里，双人手搭肩组合一起运球，必须经过4个固定标志桶（如图2），完成3张卡上数字形状路线的运球，并把路线标注在白纸上，所有队员必须完成所有路线才算挑战成功。第一组合完成后，下一组合才能开始，所有成员完成挑战后，获得下一关提示卡。

图2　关卡二挑战内容

关卡三挑战内容：

在指定场地里，所有成员手搭肩组合一起运球，完成3种路线图的运球（如图3）。所有队员必须完成所有路线才算挑战成功，完成挑战后，获得胜利。

图3　关卡三挑战内容

（各小队到达场地整装待发，教师示意学生准备。）

师：预备，开始！

所有小队快速出击，寻找藏在标志桶下的R字母贴纸。很快，一个小队集齐了3张贴纸，他们获得了第一张任务卡。接着，第二个小队、第三个小队集齐了贴纸。小队长招呼同伴们集合在一起，大家一起商量着、比划着，一个个小脑袋飞速地运转着，球运得也非常起劲……

同学们攻克了一关又一关，最后，我们的第五小队率先通过了所有关卡，孩子们激动地跳起来，欢呼着："耶，我们赢了！""我们是第一名！"很快我们的第二名、第三名和其他小队也依次完成了他们的任务。孩子们脸上的笑容和汗水一起融合在完成任务的喜悦中,显得格外的耀眼。

(教师宣布成绩和分发奖品。)

师:同学们,今天大家对自己的成绩满意吗?

生:满意!

生:不满意!

师:好了好了,不管成绩如何,同学们今天积极地开动脑筋,踊跃地争取成绩,每个小队间的合作配合都非常完美,我想为大家鼓掌,请大家也给自己一些掌声好吗?

生:好!

(鼓掌。)

生:老师,这样的体育课我们还可以再上吗?

生:对呀,老师,今天我们玩得太开心了!像做游戏一样,我们还想上这样的课。

师:可以呀,这样一边玩一边学的课也是我喜欢的课,下次课我们再做别的游戏!

生:好耶!

(下课铃声响起,教师宣布下课。同学们仍意犹未尽地聊着课上的情境,愉快地归还器材……)

四、成效评述

本次课一改常态课的学练风格,将课的主要内容"篮球行进间运球"与当前最受欢迎的综艺节目相结合。首先,教师以上节课作业做引,快速引出本次课的主题:奔跑吧,篮球;然后,特别进行了重难点的讲解,提示同学们,游戏过程中运球时需要关注好球的落点和运球节奏的控制;接下来,用同学们熟悉的"跑男"节目规则开始练习环节,同学们在活动中快速开动脑筋,调动起全身细胞,集思广益,完成图形创作和运球练习。练习环节简单易行,也非常有意思,同学们玩得不亦乐乎。

这节课有这么几个亮点:第一,课堂情境创设有新意,将学习内容与大众热门综艺节目相结合,趣味性强,深受同学们的喜爱。第二,学生的主体地位突出,改变了传统课堂上的"要我学"学生立场,使他们达到了"我要学"的状态。第三,育人效果突出,培养了同学们团队合作、顽强拼搏的精神。在课的内容设置中,很多练习内容都需要各小队团结协作才能完成,同学们开动脑筋,积极参与讨论,共同配合练习,达到了很好的育人效果。

本次课的情境创设让同学们将自己定位成一名"综艺明星",为了攻克一个又一个挑战环节而使出浑身解数,突出了学生的主体地位,活跃了课堂气氛,达到了良好的教学效果。

(上海市嘉定区启良中学　伍飞鸽)

案例 13: 音乐情境检验新知表达

一、设计背景

高一英语上册 unit 5 的语法知识点是情态动词,教学目标是让学生们掌握情态动词表示推测的这一语用功能,进而能够完成翻译、填空等练习,并正确理解这一用法出现的文章和段落,完成相应的题目。

二、设计创意

情态动词不算是一个新的知识点,学生们在初中的时候已经学习过,can 表示能够,may 表示可以,must 表示必须,这一用法他们早已烂熟于心。作为高一英语的一个知识点,我要讲的是这 3 个单词加上 can 的过去式 could、may 的过去式 might 这 5 个单词表示推测的用法。与其直接告诉学生们 must 表示一定,can、could、may、might 都表示可能,它们都可以用来表示推测,而且有把握程度依次递减,倒不如让他们把这 5 个单词的学习和自身实际结合起来。"全民 K 歌"是一个很受欢迎的直播应用,在班级里也相当流行。而且,班级里也不乏歌唱得很好的同学,大家还互相关注,成为粉丝,也会相互挑战,PK 一番。于是我想到了让大家通过猜测唱歌者是谁来练习"情态动词+动词原形"表示对现在或将来事情的推测这一用法。而对于过去事情的推测,则选用上海籍演员乔任梁自杀的新闻事件,让大家用英语表达对他死因的推测。

三、精彩过程

T: Hey, guys. Who sings best in our class?

S1：Yu Zhitao.

S2：Gong Jiaqi.

S3：Zhu Zhenyun.

……

T：Wow! Great! So there are many talented singers in our class, right? Okay, now I'd like you to guess who they are. Let's listen.

(老师放第一首歌,学生们认真地听。)

S4：I'm sure it is Yu Zhitao. I can recognize his voice.

S5：I don't think so. I guess it is Chu Yicheng. The voice is very deep.

S6：I guess it is Hu Yuhua, but I'm not sure.

T：Wonderful! You expressed your ideas clearly. The first one was sure it's Yu Zhitao who sang. And he trusts himself firmly. Can we express his meaning in another way? (after a short time) We can say it must be Yu Zhitao. And for student 5, since you are not sure, you can say he can be Yu Zhitao, or he could be Yu Zhitao, or he may be Yu Zhitao, or he might be Yu Zhitao. So can student 6. The certainty is in decline.

T：Now let's go on to listen to you guy's song.

(老师播放第二首歌。)

S7：It should be Song Jiajun.

T：How sure are you?

S7：90%.

(老师播放第三首歌。)

S8：It's Yu Xinya.

T：How sure are you?

S8：70%.

T：Now let's listen to another one.

(老师播放第四首歌。)

S9：Well, I guess it's Huang Yating, but I'm only 50% sure.

T：Okay! The last one. Let's listen.

（老师播放第五首歌。）

T: What about this time? Who do you think he is?

S10: Perhaps Xie Tao, but I'm only 20% sure.

T: Good! So now, let's put your ideas in another way. For the first singer, you are sure it's Yu Zhitao. You can say it must be Yu Zhitao. "must" here doesn't mean the same with what you have learnt previously. (The teacher presents three lines on the PPT.) We are all clear that "can" means "能够", "may" means "可以", and "must" means "必须"as in the three examples on the PPT. "must/can/could/may/might ＋ do" here all express a possibility of something at present or in the future, and the certainty of the possibility is in decline. That's to say: if you are very sure, you use the word "can" followed by "do". If you are least sure, you use the word "might" followed by "do". So with regard to the five singers, you can use "must/can/could/may/might ＋ do" in turn. Are you clear?

Ss: Yes.

T: Just now, we learnt to express certainty at present or in the future. Now let's have a look of how to express the certainty in the past. Last year, a Shanghai-born actor, Qiao Renliang, committed suicide. Since he didn't leave any words, or tell anybody, nobody knows why he did so. Can you guess the reason?

S11: I saw many people guess he was under high pressure. I think that's reasonable.

S12: I guess it is not so simple. People are all under pressure in the modern society. You know many actors/actresses and singers have to do something they actually don't want to do. Maybe he didn't want to live such a life any longer.

T: When we express the certainty in the past, we still use the modal verbs: must, can, could, may, might. The certainty is still in decline, but we need to change the form of the verb followed. This time, we use "have done", not "do". So how should you express the reason of Qiao Renliang's death?

S13: He may have been under great pressure.

S14: He must have been forced by the media.

T: That's right. You need to say he must/can/could/may/might have done sth. Well done, guys.

四、成效评述

通过选取贴近学生生活实际的情境,本节课的教学目标得到了有效落实。在选取情境时,应该遵循趣味性原则。学习者的情感因素对英语学习发挥着不容忽视的作用。以学生感兴趣的"全民 K 歌"App 作为课堂的切入口,能够激发学生的学习兴趣和热情,学生的主体性得到了很好的发挥,并赋予课堂以活力。

将真实的生活情境带入语法课堂,既拉近了课堂教学和现实的距离,使语法课不再是传统的干巴巴的样子,也在一定程度上减轻了学生们接触新语法点时的焦虑感,并让他们学会如何在真实场景中运用语法。在高中的语法教学过程中,教师应该以学生为中心,遵循趣味性原则,有效运用情境教学策略,使语法课不再枯燥低效,反而生动有趣、省时高效。

(上海海事大学附属北蔡高级中学 朱敬博)

案例 14: 实验情境促进知识建构

一、设计背景

本节课是沪教版《化学(九年级第一学期)》第三单元课题二"溶解度"中的内容,主要包括两方面:一是饱和溶液与不饱和溶液概念的建立,二是其相互转化的方法。学生对于一般物质溶解后形成溶液的现象比较熟悉,但是对溶液的种种状态却很少思考。由于饱和溶液的概念比较抽象,学生在学习时容易忽略概念定义的两个条件,所以我在本节课精心设计了几个连贯且逐渐深入的实验,通过不断探究来加深学生对概念的理解,同时也激发了他们的学习热情。

二、设计创意

本节课设计了较多的学生小组探究实验,给了学生充分的动手实践、合作的机会。通过探究、讨论、教师问题引领的形式,让学生独立运用化学知识解决问题,提高他们动手、探究和独立分析问题的能力,帮助他们看到自己的学习成果,并在学习化学的过程中渗透化学学习的方法与思想——"控制变量法"与"辩证思想",真正落实"以学生的发展为本"的教育理念。

三、精彩过程

师：老师手中有一个盛有水的小烧杯，现在我开始往里面加硝酸钾固体，请同学们观察加进去的固体的溶解情况和溶液的状态。（在装有 20 ml 水的小烧杯中，定量加入硝酸钾固体，每次加 1 g 硝酸钾，直至加入的硝酸钾固体不再继续溶解。）（如图 1）

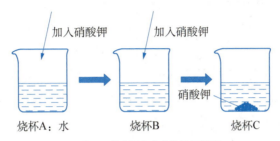

图 1　硝酸钾在水中的溶解情况

师：请问同学们，老师现在手中得到的溶液是什么状态的？溶液是饱和的还是不饱和的？

生：饱和的。

师：你们的判断依据是什么？

生：烧杯底部的硝酸钾固体不再溶解。

师：前几次加入固体后形成的溶液是什么状态的？

生：不饱和的。

师：今天，这节课的主题就是学习"饱和溶液与不饱和溶液"。那么，根据老师手中配好的饱和溶液，同学们能不能尝试初步定义一下什么是饱和溶液？

生：不能再溶解某种溶质的溶液。

【板书】

一、定义

饱和溶液：（学生遗漏的内容进行留白）不能再溶解某种溶质的溶液。

师：这里定义中的某种溶质指的是什么？

生：硝酸钾固体。

师：现在硝酸钾固体在这个溶液中不能继续溶解，如果我换一种固体，比如硫酸铜，加入到这个溶液中，你们认为硫酸铜可以溶解吗？

（部分同学认为可以，部分认为不可以。）

（老师进行实验探究，将上述硝酸钾的饱和溶液倒入一支加有硫酸铜粉末的试管中，振荡试管，溶液变蓝，硫酸铜继续溶解。）

师：实验发现，先前小烧杯中的溶液对硝酸钾而言不能继续溶解，是硝酸钾的饱和溶液。而对硫酸铜而言，硫酸铜能够继续溶解，溶液变蓝，说明不是硫酸铜的饱和溶液。所以，定义中要强调"不能再溶解某种溶质的溶液，是这种溶质的饱和溶液"。那么，这是同学们基于实验观察到的现象初步为饱和溶液作的定义。待会儿通过本节课的学习，我们回过头再来看看这样定义正不正确。

师：现在每个小组的桌上也放置了一个容器，装有老师提前配制好的溶液，请同学们观察一下这个溶液饱不饱和？

生：饱和了。

师：判断依据是什么？

生：容器底部有没有溶解完的固体。

师：有什么方法可以使底部的固体继续溶解，将它变为不饱和溶液？

生：加水、加热。

师：操作的时候同时加水和加热好不好？为什么？

生：不好，这样就无法判断究竟是哪个因素改变了才使溶液变成不饱和的。

师：小组讨论一下应该怎样设计这个实验。

（学生讨论，并派代表回答。）

生：若同时改变两个因素进行实验，则无法证明使固体继续溶解的是哪一个因素，或是两个因素都有影响。因此，需要控制其他变量，改变其中一个因素来进行逐个探究。

师：在这个实验中，我们运用了什么科学探究的方法？

生：控制变量法。

（学生实验：每组准备了齐全的实验仪器及药品供学生选择。每小组中的一半学生进行加水实验，一半学生进行加热实验。）

生：实验发现,加水和加热都能使试管底部的固体溶解,即使饱和溶液变成不饱和溶液。

师：通过刚才的实验,我们将饱和溶液变成不饱和溶液。现在反过来,如果我们想让容器底部重新出现固体,请问我们可以采取什么方法？即如何让不饱和溶液重新变成饱和溶液？

生：加溶质、降温、蒸发水。

师：实验时应该如何进行操作？

(加溶质和蒸发水的实验结果显而易见,为节约时间不再实际操作。请学生设计降温实验,强调"控制变量法"。)

(学生实验：学生将加热后的试管,放入冰水中冷却。实验发现,经过降温试管内重新析出晶体。)

师：通过两次实验,发现饱和溶液和不饱和溶液可以相互转化,共涉及了五种方法。我们本次所讨论的转化方法都是对大部分固体物质而言的。同学们可否将这五种方法进行归类？涉及了几类？

生：三类：溶质、溶剂、温度。

师：既然通过改变一定的条件,饱和溶液与不饱和溶液可以相互转化,同学们觉得"饱和溶液"的概念是相对的还是绝对的？

生：相对的。

师：那么在定义饱和溶液的概念时,是否需要前提条件呢？

生：有,需要限定"一定温度和一定量溶剂"。

师：所以我们要继续完善概念,请同学们将之前初步得到的概念进行补充。

【板书】(补充完整)

一、定义

饱和溶液：在一定温度下,一定量溶剂里不能再溶解某种溶质的溶液,叫作这种溶质的饱和溶液。

(可否利用辩证思想,定义不饱和溶液？)

不饱和溶液：在一定温度下,一定量溶剂里还能继续溶解某种溶质的溶液,叫作这种溶质的不饱和溶液。

四、成效评价

在本次课上，同学们经历了老师问题引领的方式和丰富的小组探究实验，比较好地理解了饱和溶液与不饱和溶液的概念，并掌握了它们之间相互转化的方法。同时在此次实验探究的学习过程中，学生们提高了动手、探究和独立分析问题的能力。

此外，我认为课堂不仅仅是传授知识的，还应该传递给学生学科思想及学习方法。比如本节课中就渗透了"转化思想"、"辩证思想"等，学科方法有"控制变量法"、"逐步构建概念"等。授人以鱼不如授人以渔，教学除了教给学生知识外，还应该教会他们如何自己去学习知识。

相信通过本节课的学习，学生不管是在知识层面还是化学思想和方法层面都得到了提升。

（上海市嘉定区启良中学　陈艳萍）

案例15：实验情境助力定律验证

一、设计背景

本节内容是沪教版《物理（八年级第一学期）》的第二章第一节，其教学重点是光的直线传播及其应用。光的直线传播是几何光学的基础，又是学习光的反射定律、折射规律的必备知识，因此要求学生会用光的直线传播知识解释影、日食和月食等生活和自然界中的重要现象。本节内容与日常生活紧密联系，学生在日常生活和小学自然课中已经知道光沿直线传播的结论，但认识很浅显。因此，教师设计了一系列的探究活动，以提高学生的学习热情，激发他们的探究欲望，引导他们探究归纳，得出光沿直线传播的规律。本节教学将需一课时。

二、设计创意

以著名的诗歌为基础，引入本课内容：光。以学生分组实验、教师点拨为基本方法，逐步得出光的直线传播规律。通过小实验和PPT模拟演示来解释日常生活中的光的直线传播现象和应用。

三、精彩过程

（一）导入

观看各种光沿直线传播的图片，聆听歌曲《天上的街市》，感受光的美，引入课题。

（二）光源

1. 教师提问：光从哪里来？

2. PPT 展示常见的几种物体，如火把、太阳、路灯、蜡烛、闪光、月亮等，请学生比较分析哪个是光源，并说一说光源有什么特点。

3. 提示学生依据光源的来历给常见的光源分类。

（三）光的直线传播

1. 教师用激光笔在墙壁上打个亮点，提示学生思考：从激光笔发出的光是如何传播到墙面上的？

2. 利用光具盘演示光在空气中的传播。

观察实验现象，总结出光在空气中沿直线传播的观点。

3. 组织学生探究光在水、玻璃和果冻中的传播特点。

探究光在水、玻璃和果冻中的传播特点，并初步总结出光的传播特点。（如图1—3）

 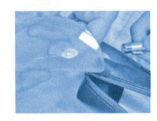 

图1　　　　　　　　　图2　　　　　　　　　图3

图1—3　观察光在水、玻璃和果冻中的传播

小组探究活动结束后，通过手机拍照并将照片上传至云端。

4. 学生展示光在不同介质中的传播情况。

老师将各小组发上来的成果进行整理，再上传至云端，供学生交流分析。（如图4）

图 4 学生的实验成果

5. 演示实验,光从空气斜射入玻璃砖。

观察实验演示,总结出光沿直线传播的第一个条件。

6. 用多媒体展示光在不均匀的同种介质中的传播情况。(如图 5)

观看多媒体课件,总结出光沿直线传播的第二个条件。

(四) 光线

1. 组织学生画出发光的电灯和从窗户传进来的阳光。

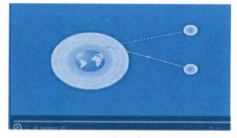

图 5 多媒体展示光的传播

2. 讲解光线的画法及意义。

(五) 光的直线传播的应用

1. 组织学生利用光的直线传播规律将大头针排成一直线(如图 6—8)。学生分组实验,通过手机拍照将实验成果上传至云端,供大家一起交流分析。

通过活动,初步学会应用光的直线传播规律。

2. 组织学生讨论光的直线传播规律的应用。

例如,射击瞄准与排队成直线。

第一组　　　　　　　　第二组

图 6

图 7

第四组

图 8

图 6—8　学生进行将大头针排直线的实验

(六) 光的直线传播现象

1. 日食和月食。

学生自主观看云笔记上的"日食和月食"的视频(如图 9)。

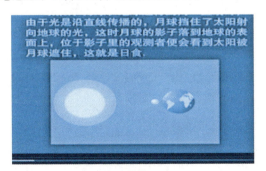

图 9　"日食和月食"的视频

2. 影子的形成。学生表演手影游戏(如图10)。

图10　学生表演手影

3. 小孔成像。学生利用自制的器材观察小孔成像。

(七) 小结

PPT展示小结内容,如图11。

图11　小结内容

(八) 作业

完成老师插入云笔记的作业,学生做完后再传至云端,老师即可批阅。

四、成效评述

本节课主要应用了数字教材的云笔记功能,利用这一功能很好地解决了学生自主实验后展示实验成果的问题。云笔记的插入功能可以让每一个学生都清楚地看到各个小组的实验成果，方便大家交流分析并最终得出结论，大大提高了学习效率。但是由于云笔记只能让老师看到学生上传的东西，生生之间无法互看，从而浪费了一点教学时间。如果云笔记上的东西能及时让生生互看，那就更便捷了。由于本节课是光的第一节课，书本上涉及的内容并不多，所以我在本节课没有应用到数字教材的圈划、批注等功能。

数字教材软件的出现为教育信息化的常态化提供了支持。我们在试验探索过程中，逐步体会到，现阶段数字教材的常态化应用应密切结合学校现有的信息技术条件。以上课例的实施，正是整合了交互式电子白板软件、电子教室软件等系统，以及学生的随身终端、学校的无线网络、教师自制的学件和视频等，发挥了信息技术的叠加效应。

（上海虹口区教育学院实验中学　倪慧颖）

案例16：实验情境暗示物理定律

一、设计背景

沪教版《物理（八年级第一学期）》第三单元的第四课"重力"的教学中，最难的是让学生认识到重力和物质种类无关。由于并没有学习过密度的有关知识，因此这一结论与学生自己的认知发生了冲突，是学习难点。为了突破这个难点，我巧用课堂实验及多媒体技术进行数据处理，成功地帮助学生突破了这个难点，使他们自己归纳出实验结论。

二、设计创意

本节课先进行一个课堂实验；再组织学生进行数据处理，根据图像进行讨论并归纳结论；然后对于得出的结论反复推敲，深入地进行剖析。通过上述程序，学生经历了猜测、探究实验、处理数据、讨论、归纳结论、推敲完善结论的过程，强化了学生学习知识的过程，使知识的习得更加自主、深入，使学生对实验和规律的理解更加深刻。

三、精彩过程

师：重力的大小跟哪些因素有关呢？

生(猜测)：质量、大小、数量、种类等。

(通过举例等方式排除了一系列可能性之后，只剩下质量和种类两个因素。)

师：那么我们先研究重力与质量的关系。请同学们进行实验并且完成表格。(如表1)

(实验前，教师已经准备了三种不同的物质组成的不同物体，分给了不同小组。每一组学生测量同种物质组成的不同质量的物体，并记录其所受到的重力。)

表1 对重力与质量关系的实验研究

物质种类：_____

实验次数	1	2	3	4	5
质量					
重力					

师：请同学们通过直角坐标系作图的方式来处理所记录的数据，并得出结论。

(学生小组作图，相互讨论，归纳结论。)

师：请各小组来展示你们的成果，一个同学在白板的直角坐标系上画出你们小组的图像，另一个小组成员解说自己小组得到的结论。

(各小组把图像分别画在三个完全相同的坐标系中，同时分享自己小组的结论。)

小组1：质量越大，重力越大。

小组2：物体所受的重力与其质量成正比。

小组3：地球上，物体所受的重力与其质量成正比。

小组4：地球上，大米所受的重力与其质量成正比。(该小组的物质种类为大米。)

小组5：地球上，同一物质种类组成的物体，所受的重力与其质量成正比。

师：你们认为哪个小组的结论更合理？

(进行比较后，学生在分析小组3和小组5的结论时发生了分歧，最终意见分为两派。)

生1：应该加上物质种类，每个小组用的是不同的物质种类，所以结论中要有所体现。

生2：不应该加上物质种类，最好是研究清楚物质种类与重力是否有关后再加上。

师：好的，那么现在的症结就在于物质种类与重力是否有关，我们大家能否讨论一下？

生3：应该没有关系，虽然旁边小组和我们小组的物质种类不同，但是我看见我们两组的结果中正好有质量同样都是0.5千克、重力都是5牛顿的一组数据,这样看来重力与物质种类没有关系。

生4:都是正比例函数的图像,这样看来重力与物质种类没有关系。

生5:即使都是正比例函数的图像,也不一定就是同一个图像,并不能表示重力与物质种类没有关系。

师:看来关键在于G-m图像是否是同一个正比例函数。如果是,那就证明重力与物质种类无关。

(此时引导学生将三个相同坐标系中画出的不同物质的G-m图,通过电子白板重叠到一起,观察图像是否重合。如果重合,表示正比例函数为同一函数图像,证明重力与物质种类无关。结果将坐标系相叠加后,发现图像完全重合,结论一目了然。)

生6:图像完全重合,说明物质种类对重力没有影响,重力与物质种类无关。

(最终大家一致认为,因为重力与物质种类无关,所以结论中可以没有"物质种类相同"这一条件。)

四、成效评述

本节课通过小组实验——数据作图——小组讨论——归纳结论——成果展示——推敲再讨论——分析图像——完善结论的过程,使重点难点得到了比较好的落实和突破。

首先,针对影响重力大小有哪些因素这一问题,学生经历了猜测——探究实验——处理数据——讨论——归纳结论——推敲完善结论的完整的探究过程。通过这一过程的学习,学生对于所学的重点内容认识更加清晰,印象更加深刻,并且对于重力和质量的关系,不仅仅是知识运用层面的认识,而是通过实验得出了更深入的理解,为学生"双基"的掌握打下坚实的基础。

其次,通过小组归纳、分享结论、探讨推敲的过程,学生们一次次地完善自己的实验结论,深刻地感受到了做学问的严谨态度。通过作图法分析数据,以学生刚刚学过的"正比例函数"为基础,很好地进行了学科衔接,降低了实验结论的归纳难度;同时也为接下来用图像研究重力与物质种类的关系埋下伏笔,无形中为突破难点降低了难度。学生非常容易就能够联想到,可通过对比函数图像是否相同来判断重力与物质种类是否有关。再通过多媒体图像的叠加,更加直观地显示了结论,使学生的认知更加清楚,轻松突破难点。总之,将原来高高的台阶,通过图像分析的方法来瓦解,再通过直观图像重叠使抽象的理论看得见,成功完成教学任务。

在整个实验环节,学生都是作为学习的主体主动地学习知识,步步紧扣、层层深入,不仅习得了知识,更感受到了科学研究的严谨态度和实事求是、用事实说话的科研精神。在实验数据的分析过程中,学生提问——质疑——再发现——完善整个实验结论的过程是一个很好的提高思维力的过程。认知冲突下的疑问,思考如何验证;结论归纳的不同,思考什么是真实;求证的热切,思考解决的方法。实验数据的记录只是记录了事实,但是实验结论的归纳才是真正锻炼学生能力的过程。不同的实验数据处理方法能够使实验结论的得出出现不同的难易程度,简单、明了的数据处理方法,有助于快速地得出实验结论,受到学生的欢迎。整个过程不仅仅是学习知识的过程,也教会了学生不同的数据处理方法,锻炼了他们自主思考并提出解决问题的方法的能力。

虽然本节课的效果很好,但是在实际操作中还是遇到了一些难题。比如,对于数学基础比较薄弱的同学,他们不能够根据给出的点准确地作图,虽然是极少数,而且在小组合作的情况下并不明显,但是仍然需要在以后的教学中引导这些同学加强练习。再者,在展示小组结论环节,当要学生在电子白板上画出图像时,操作熟练的同学半分钟不到就能够完成,而操作有困难的同学要花比较长的时间,这就需要多给这些同学操作和锻炼的机会。总之,不管怎么样,我希望我的课堂能够向着更好的方向改变。

有人曾经说过:"作为一名教师,通过我的学生,我每天都在创造未来。"我也希望自己能够在教学中不断改变,不断求新,不断以更好的方式引导我的孩子们走向更好的未来。

(上海市嘉定区娄塘学校 陆佳凤)

案例17: 实验情境建构认知冲突

拓展课"原电池"教学后记

一、设计背景

原电池是电化学的基础,锌—铜—硫酸原电池是最简单的化学能与电能的转化装置,在沪科版基础型课程教材中,这部分内容与反应热、热化学方程式、燃料的充分利用等知识点一起,组成了"化学变化中的能量变化"一节。在拓展型课程的教材中,原电池这部分内容位于第四章，在前一节氧化还原反应的基础上，融合、渗透了金属的性质、电解质溶液等知识点，还涉及物理中电学的相关知识，体现了学科内、学科间的综合，为接下来的金属腐蚀与防护等其他重要电化学知识奠定了理论基础。因此这部分教学内容对于学生发展逻辑推理能力、提高科学素养、将理论应用于实践、实践再回归理论以及知识的系统化和结构化都起着重要作用。

二、设计创意

笔者开设的这堂"原电池"拓展课，也是源于学生实际的一堂课。有同学对书本上锌铜原电池模型（如图1）产生了一个疑问，当导线不连通的时候，电池也是在消耗能量的，这与学生在日常生活中所见到的电池似乎有着很大的差别。这是学生们了解了原电池模型并感受了化学能转化为电能的过程之后，对实际使用的电池构造必然产生的一种兴趣。

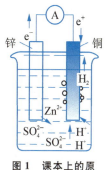

图1　课本上的原电池装置

生活在现代社会，学生对"电"有着丰富而又强烈的感性认识。在初步学习了原电池后，虽然对原电池原理有了一定认识，但限于锌铜原电池本身的不足，学生们很容易产生一些疑问。当他们运用原有的认知结构来试图解决疑问时，就会对原电池原理产生非科学的认识，也就是所说的相异构想。所以，教师的任务就是了解、分析学生这些非科学认识形成的原因，并采取相应的教学策略使其形成科学观念。

基于已经完整地学习了氧化还原反应与电化学的有关基础知识，学生已经初步具备了观察能力、实验能力、思维能力，能够通过实验探究化学反应的实质，由实验现象推测反应原理，并对其进行归纳总结。正是基于学生这样的心理特征，笔者选择深入剖析氧化还原反应与原电池的关系，通过设置的问题，逐步使学生走进对氧化还原反应的深入研究之中。从原理来看，本节课内容是对原电池原理的补充与完善；从思维角度看，将原电池原理从一般的置换反应上升到普遍的氧化还原反应也是对思维方式的一种突破。但在教学中也要考虑学生的接受能力，在注意概念的科学性的同时，要恰当控制深度与广度，更要防止不必要的加深拔高，加重学生学习与理解的负担。

三、精彩过程

首先教师与学生一起回顾整理原电池结构、电极反应、外电路电子流动、内电路离子迁移等相关知识点(如图 2),为接下来揭示、引发学生形成认知冲突打好基础。

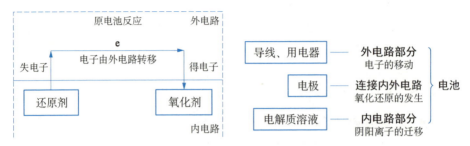

图 2　原电池模型、构造与功能

接下来通过问题的引领逐步深化认知冲突,将难点逐一突破。

(一)突破点:实验室中的原理模型还需转化为实用模型才具有实际意义。

按照干电池形状将锌—铜—硫酸铜电池进行改造(如图 3)。

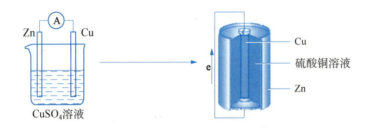

图 3　原电池的改造

认知冲突:这样改进的电池虽然可以供电,但是有个致命的缺点:缺乏可控性。

(二)突破点:对氧化还原反应的可控性进行研究。

通过讨论,找到将反应物分离以控制反应的方法,再对分离后的反应物进行适当的连接,使反应再次进行。在这个过程中,学生必须充分利用之前整理的原电池相关知识点,在其中找寻思路。

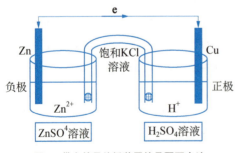

图 4　带有简易盐桥装置的丹聂耳电池

认知冲突:面对带有简易盐桥装置的丹

聂耳电池(如图4)时,能够理解其作用,分析得出两个烧杯中各发生了什么变化过程、电流如何流动等问题的结论。

(三)突破点:知识的迁移,将新的理论转化为实际模型。

在完成对新装置的分析后,学生进入探究阶段,利用提供的试剂和盐桥,亲手制作一个电池。这个阶段对学生的要求分为三个步骤:

第一步:选择一个氧化还原反应。

第二步:将反应解剖为氧化过程与还原过程。

第三步:将两个过程组装成电池。

这三步的要求层层递进,既有理论又有实际;既有理性思考,又有感性认识;既对已知知识进行了回顾,又对未知领域尝试了探索。

认知冲突:以高锰酸钾与碘化钾的反应为例,连接好装置(如图5)后,在碘化钾一边加入淀粉,学生可以看到,烧杯中逐渐出现了蓝色。这种全新的体验是学生从未有过的,也在一定程度上纠正了他们脑海中的一种错觉,

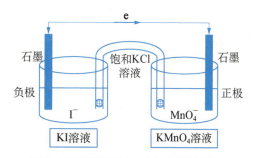

图5 酸性高锰酸钾与碘化钾的丹聂耳电池

即化学反应一定要反应物相互接触。像这样,在学生的认知顺应基础上进行反馈加强后,学生对氧化还原反应与原电池的关系的认识也就更为深刻了。

(四)突破点:对实用电池继续改进。

探究完成并不意味着结束,而是一个更高层次学习阶段的开始。这堂课源于实际,最后也要回归实际。盐桥虽然能够起到将氧化剂与还原剂分开的作用,但是使用和携带很不方便,因此需要用更轻便的材料来代替盐桥。在日常使用的干电池结构(如图6)中,学生不难发现电池中的隔膜实际上就等价于盐桥装置,常用的尼龙布、保鲜膜等都可以做隔膜。这才完成了从理论到实践之间的转化。

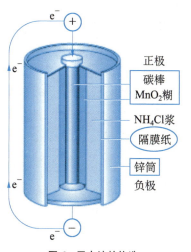

图6 干电池的构造

（五）突破点：反应物状态从固态、液态转化为气态。

在最后阶段，笔者进行了一个氢氧燃料电池的演示实验。一个目的是对有关气体的氧化还原反应如何转化为电池的知识点的补充；另一个目的是引发学生新的认知冲突：这类反应是否一定会伴随发光、放热、燃烧等现象？通过实际情形来促进学生相异构想的转变。从能量转化角度来看，气体燃料电池的原理是化学能直接转化为电能，并无光能与热能的转化。因此也更加证实了理论上，所有自发的氧化还原反应都能被设计成电池的结论。

四、成效评述

经过情境创设的课堂教学，课时目标的达成情况比较好：

第一是培养学生的能力。在学习氧化还原反应的相关概念后，学生基本都能分辨氧化剂、还原剂、氧化产物、还原产物等概念。但他们可能更多的是一种硬性的记忆，是从反应方程式形式入手的宏观上的认识，并没有真正从微观上去理解氧化还原反应过程。而通过设计电池的实验，对宏观的氧化还原反应进行一种解剖，再从电化学角度切入，最后还原为微观的电子流动。这样，学生不仅更好地理解了氧化还原反应，也体验了化学实验的魅力。

第二是传递一种学以致用的思想。书本上的知识与实际生活经验的脱节一直是我们教育教学中无法回避的问题，这也是学生之所以会对知识产生相异构想的一个重要原因。书本上的原电池无法在生活中实际应用，而生活中的电池又脱离于学生的知识体系。实际上，它们两者之间只隔了薄薄的一层纸，我所做的就是将这层纸捅破，让学生面对事物时，能用从书本上学到的知识去认识，去理解。无论是生活中的电池还是书本上的电池，都是氧化还原反应的体现，都是化学能转化为电能的装置，都是可以用学到的知识去解释的。

（上海市虹口区教育学院实验中学　俞　蕾）

案例 18：任务情境引发活学活用

一、设计背景

执教内容是牛津上海版《英语（高中一年级第一学期）》第三单元的拓展阅读"Neither too little nor too much"，其教学目标是：让学生能够在实践活动中积极参与讨论，结合所学知识和生活实际，为3位不同职业、不同需求的人设计一天营养又健康的食谱；同时让学生能够意识到均衡饮食的重要性，注重自身饮食的健康均衡。

二、设计创意

在阅读过程结束后，要求学生4或5人一组，给3位不同职业、不同需求的人（教师本人、歌手韩红、篮球运动员姚明）设计一天营养健康食谱，然后教师给予反馈。每个小组进行分工：1名学生记录，1—2名设计食谱，1名汇报，1名作为组长控制全局（酌情分配）。教师给每组学生发一份食物粘纸用于设计食谱，及一张学习单（worksheet）用于记录汇报。学生边讨论边记录，各抒己见，将课上的知识和生活中的常识结合起来，认识到均衡饮食的重要性，从而在生活中自觉践行，保持身体健康。

三、精彩过程

T: Now we know what a balanced diet is and the importance of it, and then you are little experts now! Some people need your advice. We have three persons here. Please discuss in four-or five-student groups. Choose only one person and design a healthy diet for him or her. Please discuss in English. When discussing, one person takes notes, another one or two design and stick, another one reports, and the last leader assigns the task.

Here are some stickers. If you want the food here, you just pick it and stick it on the paper, or you can draw it. So question one: How many persons should we design for? How many?

S: One.

T: Yes, Nicole or Yao Ming or Han Hong. Question two: Can we speak in Chinese?

S: No.

T: Now I will hand out the paper and stickers to you.

(8 minutes later, the whole class begin to share and report.)

T: OK. Stop here. Let's share your food designs.

S: We design a diet for Nicole, our English teacher. We want her to be heavier. For breakfast, we choose porridge, tomatoes and bread. For lunch, we think fish, pork, chicken legs, cabbage and a lot of rice are suitable because fish and meat contain fat and minerals, they will give her energy. She needs a lot of meat. For supper, we choose eggplants, beans, mutton, chicken, beef and carrot. For snacks, noodles and grapes are a good choice because she will be fatter after eating a lot.

T: Maybe I just wanna be a little heavier, but not too fat. And then let's see the result. (show the present Nicole and Nicole six months later) One year later, I will gain five kilograms weight, just as I expected. More meat with some vegetables and fruits. But I can not eat meat too much, or I will be a fat Nicole, (show a picture of a fat Nicole) just like having a baby. That's not my idea. So remember what? (point at the title)

S: Neither too little nor too much.

T: How about the next group? Which group has designed a diet for Yao Ming?

S: We have designed a diet for Yao Ming. For breakfast, we choose vegetables, noodles and fruit. For lunch, we think pork, mutton, rice, cabbage, potatoes and yogurt are suitable, because meat contain fat and protein, vegetables contain vitamins, and You Ming need energy to exercise. For supper, we choose fish, soup, carrots, mushroom and rice. For snacks, fruits and milk are good for keeping healthy.

T: Is the diet balanced?

S: Yes, balanced.

T: Why can you say so?

S: Meat, fruit, vegetables and milk, a balanced diet.

T: Balanced means... (point at the title)

S: Neither too little nor too much.

T: OK. Let's see the result. Yao Ming will just keep healthy and strong as before. He will be the same though he has retired. Now which group chooses Han Hong?

S: Our group.

T: Please show the design to the whole class.

S: We have designed a diet for Han Hong. For breakfast, we choose bread and yogurt. For lunch, we think potatoes, salad, fish and rice are suitable because these contain little fat. For supper, we choose porridge, carrots and juice. For snacks, we do not think she needs snacks. We believe she will become healthier and thinner.

T: Yeah, if she wants to be thin, she should eat more vegetables, less meat and no snacks. And do as much exercise as possible. One year later, look at Han Hong, she will be thinner(lose 20 kilograms). If she keeps doing so, she will be thinner and thinner. As time is limited, and I know some of you have designed a diet for me, then we can report the result tomorrow.

T: According to the survey before the lesson, most of you just like eating lots of meat, but few vegetables. Now what should do to keep healthy?

S: We should eat a balanced diet.

S: We should eat neither too little nor too much.

S: We should eat more vegetables than before.

四、成效评述

在本次课设计的学生活动中,3名需求不同的人各有期望:教师本人希望能增重一些,其实导入时已经点明;姚明运动量大,工作繁忙,消耗能量大,他希望即使退役也能保持强壮体格;韩红曾经也瘦过,但现在很胖,希望能够减肥。最后选出3组学生代表来汇报情况,并给予反馈:一年后究竟是胖了、瘦了、保持还是其他情况。通过小组间讨论并设计食谱,可以看到本节课的教学目标落实得较好。

首先,充分了解学生,关注学生,让学生自由发挥,发挥其主体作用。在阅读一段时间后,学生精力处于即将下滑的区间,此时组织学生活动,让他们利用食物粘纸来设计食谱。当然,为了让学生有更多自由发挥的空间,允许他们依据求助人的需求进行其他创意,比如自己拿起彩笔动手绘画食物。在这样的任务中,学生的注意力很快被吸引过来,能够集中精神,认真去完成老师布置的任务。此时,学生不再被动地吸收知识,接受知识的输入,而是相互之间进行探讨,主动完成知识的输出。

其次,通过小组合作,在师生互动、生生互动中培养学生良好的饮食观。在活动中,学生充分分析求助人的需求,并展开英语对话,填写汇报单。在遇到困难时,教师提供字词的辅导与思路的帮助。在每组汇报后,教师也及时给予学生反馈。在活动中,学生体会到了均衡饮食的重要性,既不能吃太多,也不能吃太少。虽然3位求助人的诉求不一样,但是学生能够在想要增肥和减肥的两种截然不同的诉求下,找到对方需求量稍微多的食物和需求量少的食物,懂得既不能太多,也不能太少。比如,教师 Nicole 如果达到了增重 10 斤的目标,则不可继续过多食肉,还是适度较好。在活动中,学生参与的积极性很高,对于有疑问的地方也会在中途主动举手请求老师帮助。

最后,课后我进行了调查,让学生填写了一份学习情况调查表。学生普遍对小组讨论及动手搭配食谱感兴趣,认为贴近自己的实际生活,很乐于发言。同时,智慧教室中拍照上传答案、多屏不同步显示(一屏幕显示食谱设计,一屏幕显示饮食后的效果图)也让课堂比较有趣味。由学生的反馈可知,教师设定的目标基本达成,很多学生都积极主动地汇报。活动中教师利用信息技术工具,将其与课堂相联结,让学生感受"互联网+"时代的优势,为以后的智慧教室课堂及学生信息化学习作好准备。

从中不难看出,给学生创设一个真实或者类似真实的情境,能够使他们自主地在活动与动手操作中相互合作,自然而然地将自己代入,产生对学习的兴趣,愿意主动学习。只要课堂始终关注学生,从学生的生活实际与认知实际出发设计情境,重视师生尤其生生互动,学生就会充分发挥积极能动性,提高解决问题的能力。

(上海海事大学附属北蔡高级中学　蔡湘芝)

案例 19：数据情境驱动问题学习

一、设计背景

本课是沪教版《思想政治(高一年级第一学期)》第二课"产业发展　劳动就业"中的内容,教学目标是让学生了解择业、就业等问题。通过课前开展问卷调查,并创设情境,采取小组合作交流讨论的课堂形式,让学生理解劳动者择业时应考虑的因素以及劳动者和创业者必须具备的基本素质。培养学生树立正确的择业观,以立足现实、脚踏实地的态度对待就业。引导学生探索自己的职业理想,不断提高自身素质,为将来就业打下良好的基础。

二、设计创意

通过课前开展"就业倾向"的问卷小调查,初步了解高一学生在择业、就业等问题中的观念以及存在的一些问题;通过小组讨论、师生互动,深入剖析学生的择业观、就业观、创业观,让学生树立正确的择业观;并通过创设情境"模拟招聘:某网络公司产品技术总监",让学生体会新型劳动者需具备的基本素养,为将来走向社会、踏上工作岗位作好准备。

三、精彩过程

师:课前我们班进行了一个关于"就业倾向"的调查,老师将调查结果制作成了数据图表(如图1)。请各位同学看看,从这张数据图表中,可以看出就业的哪些倾向以及有没有存在问题的地方。

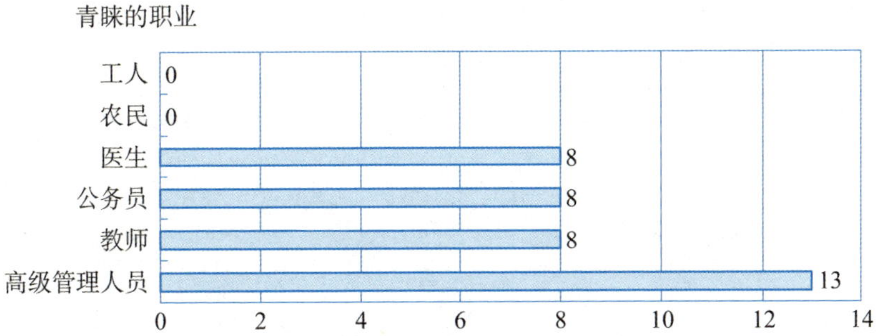

青睐的职业

职业	人数
工人	0
农民	0
医生	8
公务员	8
教师	8
高级管理人员	13

图1 "就业倾向"调查结果

生1:选"高级管理人员"的人最多,其次是教师、公务员一类的职业。没有人愿意从事工人、农民工作。(全班笑。)

师:同学们,为什么多数人选择高级管理人员、公务员等职业?

生2:因为工资高啊,社会地位高、体面,而且工作环境舒适。

师:好,我们在选择事业时首先会考虑工资薪酬、职业待遇,也会考虑这份职业的未来发展前景,这是每个劳动者都会考虑的。那为什么你们听到没人愿意做工人、农民会笑呢?

生3:因为工人、农民的工资低,而且工作还很累,很少有人会愿意做的。

师:可是职业不分贵贱高低,三百六十行,行行出状元,没有工人、农民,我们哪里来的房子住,哪里来的粮食吃。虽然每个人都有自己的职业理想或职业追求,不过社会的发展离不开各行各业,每一份职业、每一个工种都值得我们的尊重与认可。

(教师出示第2张图。)

师：请同学们看看这一张图，你们发现了什么现象？（如图2）

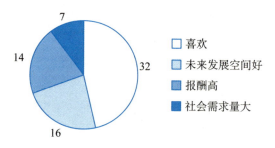

图2 选择职业的原因分析图

生4：大多数人是出于喜欢或者看重未来发展空间才选择这份职业。

生5：报酬也是选择职业的一个重要原因。

师：好，很多同学选择职业时考虑最多的是兴趣、未来发展、报酬等因素。那么考虑最少的是什么因素？有没有反映出一些问题？

生6：很少会考虑社会需求量。

师：好，那么求职的时候需不需要考虑社会需求量？为什么？

生7：需要考虑。因为如果一个行业需求量很大的话，说明它紧缺，就业容易。相反，如果需求量很少，说明招人很少，就业会比较困难。

师：的确。我们在择业时首选的肯定是自己理想的职业，但现实是，并不是每个人都能从事自己喜欢的职业。因为各种主观和客观原因，我们有时会找不到心仪的工作，所以我们要转变就业观念，择业时也要考虑社会需要。

【学生活动】小组交流讨论：我的职业理想清单

我的职业理想清单

(1) 我理想中的职业：

(2) 这个职业需要的素质：

(3) 我的优势：

(4) 我还需要提高的地方：

生1：我理想中的职业是声优。声优这份职业和配音在本质上是一样的，需要和演员一样有强烈的代入感，尊重角色本质。我的职业优势是自己本身的声线比较多。我还需要提高的地方是配音技术方面。

生2：我未来想从事地理教师工作。从事教师工作需要有良好的心态，需要耐心和责任心，还需要有旺盛的精力。我的优势在于我的地理成绩还不错。我的缺点在于偶尔会结巴。

生3：我的职业理想是广告设计师。要成为一名广告设计师要有很高的道德素质，不能传播虚假广告，还要有空间结构意识，以及很高超的摄影技术。我的优势是我从小学习美术、摄影，有从事广告行业的亲戚，有见习、实习的经历。我现在可能还需要提高审美水平，增加自己的创意度。

师：大家都说得很好。我们在择业时对每种职业及其对劳动者素质的要求要有深入的了解，然后根据自身条件，选择自己能够胜任的职业，或者努力提高自身素质，实现自己的职业理想。

【学生活动】模拟招聘：某网络公司产品技术总监

要求：（1）如果你要应聘这个职位，你会对面试官如何介绍自己？

（2）每组选一名代表，进行竞选。

生1：我是名牌大学硕士毕业，性格活泼开朗，具有团队意识，愿意加班。

生2：我是海归，具有2年的相关工作经验。我的人际交往能力很强，平时也很关注相关专业领域动态，对薪酬没有什么要求。

生3：我毕业于211、985院校，去美国进修了相关专业，并曾获得××××荣誉。我也有一定的公司中层管理经验，能够胜任总监这份工作。

……

四、成效评述

本节课内容有关"就业"，通过设计贴近学生生活实际的活动、话题，使本节课的教学目标得到了有效落实。

首先，开展课前调查，充分了解学生在择业、就业上的观念，通过师生交流，剖析学生在择业观、就业观上的正确的态度和错误的观念,引导学生树立正确的择业观、就业观。让学生认识到劳动者在正确解决择业问题时,既要考虑个人的职业志向,又要考虑社会的需要;既要考虑经济待遇,又要考虑未来的发展空间;既要了解职业岗位的要求,又要考虑自身的条件。因为调查结果来自学生自身,所以充分调动了学生的学习兴趣。

其次,通过小组交流讨论"我的职业理想清单",让学生能够初步探索自己的职业理想,并理性分析自己的优势和不足,为职业生涯规划作好准备。

最后,通过一个模拟情境,让学生分别以"面试官"、"求职者"的身份进行讨论和竞聘,深刻体验用人单位的招聘偏好,学会换位思考,认识到未来求职所具备的基本素质。

本堂课整体气氛活跃,充分调动了学生的学习积极性,师生、生生讨论热烈,人人有话可讲、各抒己见。通过调查数据分析、"我的职业理想清单"交流互动、创设模拟招聘情境等形式,很好地突出了本节课的教学重点——劳动者择业时应考虑的因素。对于学生普遍存在的择业误区,教师也能通过恰当的引导,让其树立正确的择业观与就业观。综上所述,情境设计贴近学生生活实际,触发学生的感性认识,引导学生理性思考与讨论,是提高课堂教学有效性的良策。

(上海海事大学附属北蔡高级中学　奚丽娟)

案例20: 悬疑情境揭开新知面纱

一、设计背景

对于沪教版《数学(八年级第一学期)》第十九章"几何证明"中的"19.9(1)勾股定理",其教学重点为勾股定理的初步应用。通过"提出问题"、"实验说明"、"几何证明"等形式,探索勾股定理发掘过程,了解我国古代在勾股定理研究方面所取得的成就,从而增强学生的数学学习兴趣,激发他们的爱国热情。

二、设计创意

在本节课教学中,很多教师可能会直接引入勾股定理的数学公式,结合部分例题加以分析,并在课堂的有效时间内,充分运用勾股定理进行解题。但用探索活动来慢慢引导学生理解或者知晓勾股定理的由来以及一些知识背景,对学生掌握这一知识点会更有帮助。因此本节课以活动入手,通过小组探究来发现问题,得出结论,让学生有机会体验寻找勾股定理来源的过程,激发其学习的乐趣。

三、精彩过程

(一) 提出问题

师:大家好,最近有几位同学在讨论这样一个问题。(PPT 投影问题)

> 受台风影响,一棵树在离地面 4 米处断裂,树的顶部落在离树根底部 3 米处,这棵树折断前有多高?

师:这棵折断的树与地面可以看作什么图形?

生:直角三角形。(如图 1)

师:图中已知哪条边的长度?要求得出折断前高度,只要求出哪段长度?应用所学知识可否求得斜边长呢?带着这样的疑问,我们一起来探究一下直角三角形中的三条边有怎样的关系。

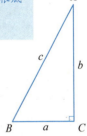

图 1　直角三角形

(二) 定理探究

定理 1

师:首先,我们来探究一下直角三角形中斜边与直角边的大小关系。

生:斜边大于直角边。

师:谁能运用我们学过的知识解释一下呢?

生:直观上可得出斜边大于直角边。

师:那我们一起来探究如何证明。

师:如果把线段 AB 和线段 AC 都看作是两条平行线之间的线段(PPT 给出平行线),我们可以根据哪个公理即可得出结论?

生:垂线段最短。

师：这就是我们这节课要掌握的第一个定理！

（教师板书：在直角三角形中，斜边大于直角边。）

定理 2

师：有了定理 1，刚刚的问题可以解决了吗？

生：没有。

师：下面我们一起来探究一下直角三角形的直角边和斜边有怎样的等量关系。带着这个疑问我们一起来做一个活动。在桌子上有一组直角三角形，请大家按照要求拼出相应的图形，并回答相应的问题。

（PPT 投影问题。学生拼图，时间约 3 分钟。）

教学提示：探究活动为每个小组提供了足够多的相同的直角三角形，通过所有组员共同探究，按照以下要求完成老师布置的任务：1. 拼一拼：你能用 4 个直角三角形拼出 1 个正方形吗？（不能重叠，可以有空隙）2. 根据你所拼出的图形回答学习单上的问题。

师：好，我们先来选择一组，看看他们拼出了什么图形，以及能否根据所拼的图形找到一组等量关系。

（请拼好小组的一名学生来讲解思路，引导学生自我梳理，得出新知。学生回答填空题并解释等量关系。）

教学提示：大正方形的面积可以表示为＿＿＿＿＿＿＿；

也可以表示为＿＿＿＿＿＿＿＿＿＿＿＿＿＿。

（老师做适当的引导，并请另一名学生讲解另一种拼图思路。）

师：你能否也像刚刚那位同学一样，运用你所拼出的图形，找到直角边与斜边的等量关系呢？

（学生回答。）

师：这两位同学解释得都很好，他们得出了共同的结论。

（教师板书：$a^2 + b^2 = c^2$。）

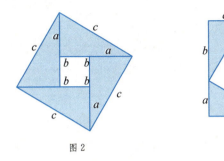

图2 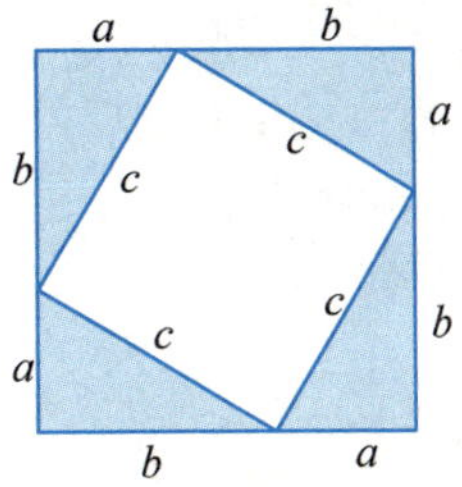　　　　　　　　　　图3

图2—3　"赵爽弦图"证明勾股定理

师：这就是著名的勾股定理。

（教师对勾股定理作相应的解释。板书：勾股定理：直角三角形中两条直角边的平方和等于斜边的平方。）

师：谁能根据定理的文字语言，尝试写出它的几何语言呢？

生：在△ABC中

师：这个定理对于任意三角形都成立吗？

生：在Rt△ABC中，$a^2 + b^2 = c^2$。

师：在c边代表哪条边时这个公式才成立呀？

生：c是斜边。

师：那如何用几何语言描述c为斜边呢？

生：$\angle C = 90°$。

师：很好！那我们一起再看一下这个定理应用时需要注意的几个地方。首先一定是在Rt△中，$\angle C = 90°$时才有$a^2 + b^2 = c^2$。那么我要问了，如果是$\angle B = 90°$，等式会有哪些变化呢？

生：那么b是斜边，公式变为$a^2 + c^2 = b^2$。

师：那么我又要问了，如果是$\angle A = 90°$，等式又会有哪些变化呢？

生：那么a是斜边，公式变为$b^2 + c^2 = a^2$。

师：请大家把笔记记到学习单上，回去再誊写在笔记本上，同时完成练习部分。

练习：(1) 在 Rt△ABC 中，$\angle C = 90°$，$a = 3$，$b = 4$，$c = $ _____
　　　(2) 在 Rt△ABC 中，$\angle C = 90°$，$a = 3$，$c = 5$，$b = $ _____
　　　(3) 在 Rt△ABC 中，$\angle B = 90°$，$b = 13$，$c = 12$，$a = $ _____

四、成效评述

为落实本次教学活动主题"师生情感互动，构建情趣课堂"，本次教学选择了十九章的"勾股定理"第一课时。勾股定理是定量几何的基础，是几何的支柱之一，是人类智慧的荣耀，在古今中外有着巨大的影响。教学设计利用证明勾股定理的"赵爽弦图"，激发学生对中华文明的热爱之情。

1. 勾股定理是一个初等几何定理，现约有 400 种证明方法，是数学定理中证明方法最多的定理之一。利用多种证明方法，展示数学之美。

2. 在教学第一环节，设计了探究活动，激发学习兴趣，让学生自己动手，挖掘、探究知识的形成过程，加深对知识的理解，从而能够更好地应用勾股定理解决数学问题。

3. 在教学过程中，设计与学生实际情况相适应的学习单，既是课内练习的及时补充，又是课外作业的有效拓展。

4. 简单介绍"勾"和"股"的来历，西周的商高提出了勾股定理的特例"勾三股四弦五"，以此激发学生对中华文明的自豪感。

（上海市虹口区教育学院实验中学　邓红梅）

案例 21：纪实情境还原历史真相

一、设计背景

案例来自《历史（七年级第二学期）》第 16 课，本课分为三框，分别是：淞沪会战、南京大屠杀、人民战争与国际援助。本案例来自第二框"南京大屠杀"。

至今，日本政府对于南京大屠杀这段历史的认识表现暧昧，甚至部分右翼分子拒不承认。

学生所要了解的并不仅是历史真相,更要学会获得真相的方法,求真意识和求真方式是历史学科的核心素养之一。因此此框的教学目标是:了解南京大屠杀基本史实;从南京大屠杀的多类史料中汲取、鉴别、整理和归纳历史信息,认识史料互证及其论证逻辑在还原历史真相中的地位与作用,培育求真意识。"对南京大屠杀不同史料证据价值及其论证逻辑的认识"亦是本课的难点所在。

二、设计创意

说到证据链,学生们首先会想到探案、法庭审判。的确,二战结束后战胜国对战争发起国进行了国际审判,比如东京审判。证史在一定程度上和探案判决相似,讲究举证。因此在达成南京大屠杀这框的教学目标过程中,先简述南京大屠杀;再抛出日本对南京大屠杀的质疑,针对学生表达出的不满情绪,告诉学生要驳斥日本的说法需要的是有力证据;之后假设一个法庭举证情境,让学生通过思考以及分析课外资料来构建证据链,找寻历史真相。

三、精彩过程

教师概述南京大屠杀的基本史实,播放外国记者拍摄的关于南京大屠杀的视频资料。

师:从视频上看,日军杀害的都是什么人?

生:老百姓。

师:采用什么方式?

生:活埋、枪杀、焚烧。

师:至少杀害了多少人?

生:30万。

师:视频上显示出来的这种对普通老百姓以及放下武器军人的大屠杀行为是何等残暴,令人发指!但是近三十多年来,日本社会右翼势力不断发表言论否认南京大屠杀的事实,他们说南京大屠杀是中国政府捏造出来的,就算有伤亡也是战争环境下不可避免的,且数量极少。

(有部分学生已开始不满。)

师:真相需要证明,我们只有把有力的证据放在他们面前才是最好的控诉,才是给他们的一记最响亮的耳光。现在假设我们都置身于国际审判法庭,你如何用理性的证据去向日本人或其他国家的人证明南京大屠杀发生过,有哪些证据可以证明,怎么证明最有力?

生:可以让那些大屠杀幸存者出庭作证。

师:好,老师找到以下资料。

(PPT 显示。)

材料一:

到了下关码头江边,发现日军共抓了好几千人。日军叫我们坐在江边,周围架起了机枪。我感到情况不妙,可能要搞屠杀。……日军在后边绑人以后,就用机枪开始扫射。……又往江里面扔手榴弹。跳江的人,有的被炸死了,有的人被炸得遍体鳞伤,惨叫声、呼号声响成一片。……夜里,日军在江边守夜,看见江边漂浮的尸体就用刺刀乱戳。我离岸较远,刺刀够不着,才免一死!

——(中)刘永兴 口述

(供述者为南京大屠杀幸存者)

(资料来源:侵华日军南京大屠杀遇难同胞纪念馆网站 www.nj1937.org)

师:这段材料能证明南京大屠杀吗?

生:能。因为这个人经历了大屠杀。

师:亲身经历者的证词有什么价值?

生:可信度高,不是听来的。

师:很好,这位同学提出选择证据的第一个标准——亲历者。有同学有不同意见吗?

生:我觉得不能证明。

师:为什么?

生:因为只有一个人的证词,别人不会承认的。

师:那你觉得还需要什么样的资料来证明?

生:更多人。

师:更多幸存者吗?

生:对,人多可以说明大屠杀大范围发生过。

师:好,中国幸存者的口述的确还有很多,如果你在法庭上出示这些证据,你觉得日本人会承认他们的罪行吗?

生:(思考一会儿)我觉得有可能不会。

师:为什么?

生:他们可以说这些证词是中国人编出来的。

师:那怎么办呢?

生:找日本的证据。

师:为什么呢?

生:因为他们是发起屠杀的一方,和我们是敌对的,更能说明问题。

师:什么样的证据呢?

生:当时参加南京大屠杀的日本士兵的证据。

师:很好。能举个例子吗?

生:书上有宣传杀人比赛的日本报纸。

师:非常好。李老师这里还有一些材料,大家看一下

(PPT展示。)

材料二:

图1　长江边被屠杀的中国人遗体

(拍摄者当时隶属日军目黑辎重兵联队兵站汽车第十七中队)
(资料来源:《村濑守保写真集·私の从军中国战线》)

图2　南京城墙外壕沟岸边中国人横尸累累

(拍摄者当时隶属日军木更津航空队)
(资料来源:《伊藤兼男照片集》)

材料三：

不管是好人还是坏人，都让他们从码头开始跑，然后从后面将他们击毙。……遭射击的中国人往扬子江中跳，因此不需要收拾，任他随江流去。扬子江岸被飞溅的血染得通红。

——（日）泽田好次　远东军事法庭证言

（供述者为南京战时第十六师团步兵第三十三联队第三大队士兵）

（资料来源：《南京战·寻找被封闭的记忆：侵华日军原士兵102人的证言》，上海辞书出版社2002年版）

材料四：

大声哭喊着的支那人被装进了邮袋，袋口被扎紧……西本（东史郎同行士兵）从破轿车中取出汽油，浇到袋子上……西本点着了火。汽油刚一点燃，就从袋中冲出了令人毛骨悚然的惨叫声……在袋子上系了两颗手榴弹，随后将袋子扔进了池塘……突然，"砰！"手榴弹爆炸了，掀起了水花。过了一会儿，水平静下来，游戏就这样结束了。

——（日）《东史郎日记》，江苏教育出版社1999年版

（作者为南京战时第十六师团步兵第二十联兵队上等兵）

师：这些材料的提供者是？

生：南京大屠杀的日本亲历者。

师：很好，证据种类有？

生：照片、口述、日记。

师：好的。证据形式多样。将材料一和材料二、三进行比较，你会发现什么？

生：杀人的方式和地方差不多，都在江边。

师：这说明什么？

生：这些事真实发生过。

师：说明这些证据之间是可以？

生：可以相互证明。

师：对，这样就提高了证据的可信度。所以大家给出的第二个选择证据的标准是？

生：要找各种资料，最好有对立方的资料。

生：证据要能相互说明。

师：这就叫作"孤证不立"、"史料互证"。大家想一想，除了来自中日双方亲历者的证据之外，还会有什么证据，能将真相还原得更客观呢？

生：其他国家的亲历者。

师：非常好！再看几段材料。

（PPT展示。）

材料五：

（1937年12月17日，星期五）又有许多疲惫不堪、神情惊恐的妇女来了，说她们过了一个恐怖之夜。日本兵不断地光顾她们的家。从12岁的少女到60岁的老妇都被强奸。丈夫们被迫离开卧室，怀孕的妻子被刺刀剖腹。

——（美）《魏特琳日记》，江苏人民出版社2000年版

（作者为南京战时国际红十字会南京委员会委员、金陵女子文理学院难民收容所负责人）

材料六：

前一段时间我们所经历的狂轰滥炸和连续的炮击同我们眼下所经历的可怕时期相比简直算不了什么。安全区外已经没有一家店铺未遭洗劫。现在掠夺、强奸、谋杀和屠杀在安全区也开始出现了。

——（德）《拉贝日记》，江苏人民出版社1997年版

（作者为德国纳粹党人，南京战时南京安全区国际委员会主席）

师：这些史料的价值是什么？

生：他们是第三方，既不帮中国也不帮日本，说的话更能让人相信。

师：当时美国还没有向日本宣战，而德国大家可能知道和日本是同一阵营的，纳粹党又是把德国带入战争的党派，所以他们的观点会相对比较中立客观一些。这告诉我们在多重史料论证的原则下，要尽可能寻找不同立场的论据，特别是第三方论据，这些材料会因为立场的中立而更有说服力。同学们，通过大家动脑筋，我们已经串联起了一条有关南京大屠

杀的证据链,这条证据链中的所有证据都来自?

生:大屠杀亲历者。

师:这些亲历者来自?

生:不同国家,不同立场。

师:证据之间的关系是?

生:能够相互印证。

师:同学们,大家可以通过查阅以下书籍和网站来查找更多的证据,补充到这条证据链中。(PPT显示书籍和网站。)南京大屠杀不容日本政府抵赖!这种证据链思维不仅在证明南京大屠杀的法庭上可以用,更是我们研究历史的一种思维模式。

四、成效评述

通过创设情境,引导学生从史料中汲取、鉴别、整理和归纳历史信息,达成本框过程与方法的教学目标;老师通过层层设问推进情境,使学生对南京大屠杀不同史料证据价值及其论证逻辑的认识有了一定提升,解决了难点。在之后单元的教学过程中,这种历史思维方式也被运用了起来,比如第22课的"抗美援朝",在分析其影响时学生也提到了要集合中、朝、苏、韩、美五国的史料来加以分析。

在达成过程与方法的教学目标基础上,构建这样一个情境也让学生先前被激起的民族情感得到了一个理性抒发的通道,其求真意识和求真方式也得到了训练和培养。

课后,有同学说:"这节课还是让人很感动的。"我想这感动来自对战争受害者的同情,来自对抗日志士们的钦佩,还来自证据链思考带来的智慧成长和精神升华。

(上海市和田中学　李小燕)

案例22: 图片情境增加想象空间

一、设计背景

阅读散文,以"悟意审美"为目的。以六年级执教散文《桂花雨》为载体,教学重点是语言的品味与情感的体悟。教学目标是让学生意识到文章以"桂花"作为贯穿全文的线索,从整体上把握文本内容;品读文中关键字句,体验作者喜爱桂花的情感和摇桂花的乐趣;体会作者表达的浓浓思乡情怀。

二、设计创意

通过让学生欣赏摇桂花的图片,使学生通过联想和想象进入情境,进而让学生想象摇桂花前后的情境,并且进行融入了个性解读的想象说话,身临其境地描绘情境,启发引导学生感受桂花飘落的美景,感受"桂花雨"的芬芳和"摇桂花"的欢乐,从而唤醒学生的情感体验。

三、精彩过程

师:(出示图片,如图1)作者琦君先写了自己最喜欢的桂花,接着写了摇桂花的事情,她说:"桂花成熟时,就应当'摇',摇下来的桂花,朵朵完整、新鲜,如任它开过谢落在泥土里,尤其是被风雨吹落,那就湿漉漉的,香味差太多了。'摇桂花'对于我是件大事,所以老是盯着母亲问。"摇桂花对于作者来说是件大事?请同学结合自己的生活经历,说说你是怎么理解"大事"的?

图1 "摇桂花"情境

生1:不但可以闻到花香,还可以尝到桂花食品,这是一个孩子的童心,快乐就是他最大的事。

师:既然是大事,当然要重视了。作者说到自己"老是盯着母亲问","老是盯着"会是一种什么样的心情呢?

生2:期待的心情。

生3:希望的心情。

生4:迫切的心情。

……

师:看来这几位同学,已经把自己放到本文作者的位置上,身临其境地去感受作者的心情了。现在你们就是童年的琦君,我也来做一回你们的"妈妈",谁也来盯盯我,体会一下作者此时想摇落桂花的心情?

生5:(撒娇般地)妈,怎么还不摇桂花嘛!

师:你开始急了。

生6:(大吼地)妈,怎么还不摇桂花嘛!

师:你情绪太高涨了。

生7:(娇声地)妈,怎么还不摇桂花嘛!

师:你迫不及待了。

生8:(皱眉着急地)妈,怎么还不摇桂花嘛!

生9:(欲哭似地)妈,怎么还不摇桂花嘛!

师:感觉你无奈地都快要哭了。(很多学生都笑了。)

师:同学们读出了个性,体会到了作者的情感,与作者的心灵更贴近了。摇桂花是件大事,天空阴云密布,云脚长毛,我们要提前摇桂花啦!大家快来摇吧!同学们,听到这个消息,你们又会是什么心情呢?

生10:快乐。

生11:高兴。

生12:激动。

生13:兴奋。

……

师:盼呀盼,终于盼来了"摇桂花"的日子,满心欢喜,想象一下,你会怎么摇这桂花树呢?

生14:我会呼唤小伙伴们一起来摇,我们一边笑着,一边摇着,一边闻着花香,一边淋着花雨,开心极了。

生15:我会和妈妈一起摇,妈妈摇的时候,我在桂花树下拾花朵。

生16:我会在桂花树下铺上一层薄膜,抱着树使劲地摇,收获好多的桂花。

师:大家的想象力真丰富啊,那么,文中的琦君会怎么摇呢?

生17:帮着在桂花树下铺篾箪,帮着抱住桂花树使劲地摇,桂花纷纷落下来,落得我们满头满身都是,我就喊:"啊!真像下雨,好香的雨啊。"

师:(深情地)此刻,让我们一起闭上眼睛,想象我们也都浸在这香气四溢的桂花香里了!摇啊摇啊,桂花落下来了,落在你的头上,落在你的脸上,落到你的肩上,落到你的手上、脖颈里、鼻尖上……这香喷喷、金灿灿的桂花雨落在我们身上。我们也喊道:

生18:啊!真像下雨,好香的雨啊。

师:你读得那样轻柔,看来你真的陶醉了。谁再来读一读?

生19:(深情读)啊!真像下雨,好香的雨啊。

师:我们陶醉在桂花雨中了。摇桂花,摇出了香,摇出了乐,摇出了缤纷的花雨,小琦君陶醉了,那她的父母亲呢?

……

师:(出示课件:在摇桂花的这一天,白天,花雨缤纷;晚上,夜深人静,小琦君梦见_____,多甜啊!)请同学们再想象一下:今夜她的梦里会有什么呢?

生20:她会梦见自己在吃桂花糕、桂花卤。

生21:她会梦见桂花丰收的情境。

生22:她会梦见自己躺在桂花床上。

师:老师会梦见自己随桂花雨一起翩翩起舞。

……

师:是啊!摇桂花非常快乐!梦非常甜美!这一朵朵小巧迷人的桂花,这一场沁人心脾的桂花雨,让我们收获了芬芳、香甜、快乐、温馨、幸福!难怪琦君会说:"桂花,真叫我魂牵梦萦!"

四、成效评述

我从语言文字入手,引导学生通过想象说话描述摇桂花树前后的情境,从而唤醒学生的情感体验,感受文中的"枝摇花落心头乐"的情感。这个环节注重引导学生通过想象说话来体会人物心情,使得这节课的教学目标得到了比较明显的落实。

首先,让学生看摇桂花的图片,使之有了一种身临其境的感觉,再结合生活经历理解"大事",把自己童年生活体验和小琦君当时的生活情境连接起来,体会到摇桂花对于作者的重要意义,这样极大地挖掘了学生的生活经验。紧接着,学生说出"老是盯着"的心情,并且能想象自己"盯"母亲摇桂花树的情境,声情并茂,十分投入,进一步体会到作者的情感,与作者产生了共鸣。

其次,当从"不能摇"到"能摇",心情发生变换时,学生继续体会了此时的心情,进而想象自己摇桂花树的情境,并用语言去描绘,想象说话中融入了自己的个性解读和生活情境,再一次加强了学生的内心体验。在老师的启发引导下,学生感受桂花飘落的美景,感受"桂花雨"的芬芳和"摇桂花"的欢乐,最后真情地喊出:"啊!真像下雨!好香的雨呀!"

最后,让学生想象梦中情境,将文中的"她会梦见……"创造性地描述出来。学生根据自己已有的生活经历,通过丰富的想象,再现了梦境的甜美。由此,学生的想象力得到了充分发展,从而深刻领会作者的情感,体验到作者童年在家乡时的快乐。

《桂花雨》这篇优美散文的教学重点在于语言的品味与情感的体悟。因为学生个体的知识储备和理解能力有差异,所以还原和再现的内容也就多种多样了。学生在课堂上充分发挥想象力,展开丰富的联想,从而能领略到文章的意境美,产生感情上的共鸣。可以说,通过想象说话能够锻炼学生的想象能力、语言表达能力,并且唤醒了他们的情感体验,使学生能有所感悟,有所积累。

(上海市嘉定区震川中学　王　鹏)

案例23: 调研情境奠基价值认同

一、设计背景

执教内容是沪教版《思想品德(八年级第一学期)》第三课第二框"自觉爱护公共设施",其教学目标是:让学生意识到爱护公共设施是每个公民应该自觉遵守的社会公德;懂得在日常生活中自觉爱护公共设施,这既是尊重他人劳动成果的表现,也是文明程度的体现。

二、设计创意

课前组织学生选定校园内学生使用较频繁的公共设施,以小组为单位对这些公共设施的使用情况进行调查,主要记录设施的使用完好率、损坏原因、建议保护措施等(见表1)。学生在课堂上进行调查情况汇报,教师根据汇报情况引导学生讨论分析为什么要爱护公共设施,怎样保护校园公共设施,从而让学生认识到有义务自觉爱护公共设施,达到自我教育、主动践行的目的。

表1 和田中学公共设施情况调查表

学校公共设施名称	数量	完好率	损坏原因	建议保护措施
教室电脑投影设备				
课桌椅(初二)				
班级储物柜(初二)				
饮水机				
图书角				
篮球架				
垃圾桶				
走廊的美术作品				

组长负责,以小组为单位完成以上调查表,可添加其他学校公共设施,12月4日上课前完成。
调查组成员：_____

三、精彩过程

在课堂上,4个小组分别汇报了各自调查的情况,教师发现整个年级各班级的学生储物柜完好率最低,于是教师组织学生就储物柜的使用进行了讨论交流。

师：从各组调查的学校设施的使用情况来看,班级储物柜的完好率是最低的。学校为每个同学都分配了一个储物柜,每个人都有使用心得,下面我们就围绕储物柜的使用进行更深入的探讨。首先交流一下可能有哪些原因造成了损坏。

生1：有同学因为偷懒,关柜门时不愿弯腰用手,直接用脚踢,容易使柜门变形。

生2：有些同学为了发泄情绪,就会对着储物柜踢几脚,造成柜面凹陷,磁石掉落。

生3：还有些同学不爱惜储物柜,经常在开关柜门的时候用力很猛,造成铰链损坏,门变形关不上。

生4：个别同学会恶作剧,用颜料笔在别人的柜门上乱涂,很难看,影响了教室的环境。

师：原来损坏的原因主要是同学们在使用中不加以爱护。对于这些不爱惜甚至损坏的行为,你怎么看待？储物柜是学校的公共财产,我们除了有使用的权利还有什么义务？

生5：用脚踢柜子的行为很粗鲁,不文明,造成柜子损坏很不应该。

生6：乱涂乱画影响了教室的整体环境美观。

生7：这些行为很不好，因为储物柜是学校的公物，这是不爱护公物的表现。

生8：我们有使用这些储物柜的权利，也有保护它们完好的义务。

师：大家说得很好，这些行为既是不爱护公物的表现，也是不文明的表现，造成的损坏也影响了教室环境的美观。储物柜是学校公共财物，是为了方便同学们放置课本资料而提供的，一届届学生要循环使用，我们在使用的同时要履行爱护的职责。一旦破坏，方便就成了不方便，美化变成了丑化，文明也遭到了玷污。针对这些不爱护公物的行为我们应该怎么办呢？

生9：应该让损坏的同学自己负责修好。

生10：谁损坏谁就应该赔偿。

师：这两位同学的想法是通过修理或赔钱为自己的行为负责，但事实上，储物柜损坏后各班级都是上报给学校后勤部门，由他们负责维修或更换，学校也没有让学生自己维修或支付维修费。大家想想看，这种不爱护造成的损坏最终给谁增加了负担？

生11：给后勤部门和维修师傅增加了工作，要搬上搬下花时间修理。

生12：给学校造成了负担，购买新柜子和维修都需要花钱。

师：这两位同学说得不错，维修或更换损坏的物品既增加了工作人员的辛劳，也增加了学校经费的支出，给学校造成负担。但是你们想过没有，学校的经费又是从哪里来的呢？

生13：我们现在实行义务教育，不用交学费，学校的经费应该是政府给的。

师：对，学校经费是由国家财政拨款的，国家的财政来源于税收，税收则是全体劳动者的劳动成果的一部分，取之于民，又用之于民。不仅是学校的设施，还有我们社会生活中的其他公共设施都源于税收，都是全社会劳动成果的一部分。现在你们是否明白公共设施与劳动成果之间的关系了？

生14：公共设施是全社会劳动成果的一部分，不爱护公共设施就等于不爱护全体劳动者的劳动成果。

师：说得有道理。爱护公共设施实质上就是尊重所有为建设和维护公共设施付出辛勤劳动的人，是尊重劳动成果的表现。明白了这个道理，对于上述不爱护储物柜的行为我们还能做些什么呢？小组讨论后交流一下你们的想法。

生15：给储物柜做一次清洁，去除上面的乱涂乱画和污垢。

生16：督促自己也提醒同学，不要再有不爱护的举动。

生17：如果以后看到有人踢柜子，我会及时劝阻制止。

生18：有些损坏不严重的，想办法自己修理一下。

生19：还可以在柜子上贴上简短的爱护提示语。

生20：制定班级文明公约，明确爱护公物的行为。

生21：损坏严重的要及时报告学校修理或更换。

……

四、成效评述

从学生的调查结果出发，便于学生在真实了解的情境中展开话题讨论，较好地落实了本节课的教学目标。

首先，学生对爱护公共设施是社会公德的认识进一步明确：(1)公共设施是公共财物，爱护公共设施就是爱护公物的表现；(2)每个人都有使用公共设施的权利，也有保护公共设施的义务；(3)爱护公共设施是文明行为的表现。

其次，学生对爱护公共设施的价值观有了正确的认识：(1)公共设施是社会劳动者的劳动成果；(2)爱护公共设施是尊重劳动成果的表现。

最后，学生对如何自觉践行爱护公共设施有了具体的方向：(1)树立自觉爱惜的意识；(2)运用提醒、提示、劝阻等形式来督促爱护行为；(3)主动修理或向相关部门报告；(4)形成舆论向群体宣传。据此，课后教师布置了一个向全校学生宣传自觉爱护学校公共设施的任务，让同学们以班级的名义共同撰写了一篇文章，题为《爱护公共设施从校园开始》。文中列举了在调查中发现的不爱护学校设施的行为，分析了自觉爱护的重要意义，提出了爱护学校设施的具体行动建议，最后在学校的校会课上向全校学生做了广播宣传。

在本课教学前，教师认为学生对"自觉爱护公共设施"的社会公德具有一定的认识基础，但是学生的社会接触面比较狭窄，最熟悉的社会生活场景还是学校，因此，通过对学校公共设施的调查分析，引导学生自主探究，让学生有最真实的感悟和体会，帮助学生明确道德要求，提高道德认识，形成正确的行动规范，从而促使其在今后的学校生活中自觉践行爱护公共设施，真正落实思想品德教育的知行共进目标，实现品德的内化。

（上海市和田中学　刘　京）

案例24： 实作情境搭桥概念学习

"轴对称图形"情境教学案例

一、设计背景

"轴对称图形"是沪教版小学《数学（三年级第一学期）》的内容。其教学目标是让学生通过观察、动手操作，初步认识轴对称图形；在折、剪和观察的过程中认识、找出对称轴；在活动中发展空间观念，发展观察能力和动手操作能力，学会欣赏数学的美。

在自然界中，具有轴对称性质的事物有很多，学生对现实生活中的数学现象有强烈的好奇心，因此已经有了一定的感性基础。学好本节课将为学生今后进一步探索简单图形之间的轴对称关系，以及利用轴对称方法对图形进行变换或设计图案打好基础。

二、设计创意

这是一堂集欣赏美与动手操作为一体的综合实践课，教学设计力求体现：丰富学生对形状的感受和认知，联系实际生活，创设问题情境。让学生在观察中思考，在动手操作中探究，在理解中创新，在自主探索和合作活动中获取知识。引导学生掌握和理解轴对称图形的概念和基本特点，并使其在自主活动中体会到探索之趣、成功之乐，培养学生学习兴趣，更发展学生的能力。

三、精彩过程

片段一：创设情境激趣，初步感知

师：这几天，老师在为学校的科技节作准备，需要一些美丽的图形来装饰，你们能施展本领帮助我吗？

生齐答：能！

师：请同学们剪一个爱心，比一比谁剪得又快又好。开始吧！

（一分钟剪爱心活动之后，教师开始组织全班同学交流与分享。）

师：老师拿了两位同学剪好的爱心，大家来看看，你们喜欢谁剪的爱心？谁剪得比较好看？

生齐答：A同学剪得好看。

师：哦，大家都觉得右边的爱心剪得好看，请这位同学来说一说，你是怎么剪的？

生：我先把纸对折，然后用铅笔画一画，再把它剪下来。（如图1）

图1　剪爱心的步骤

师：你的方法是先折，再画，后剪，最后就得到了这个漂亮的爱心。那么为什么对折以后，剪出来的爱心更加漂亮呢？

生：因为两边是对称的。

师：好的。在今天这节课上，我们一起来研究剪纸中隐藏的数学小秘密。

片段二：创设探究情境，突破难点

师：看，老师这里有一条小鱼的图形，你能找到这样一条直线，使小鱼的两侧图形完全重合吗？

生：能！

（学生用手指。）

师：喔，直线在这里，你怎么证明它能完全重合，通过什么动作？

生：通过对折。

师：好，请同学来折一折。

师：这条小鱼的图形，通过对折，找到一条直线，使它的两侧完全重合。那么这个三角形，你能找到一条直线，使它的两侧图形完全重合吗？

生：能，还是通过对折的方法。

师：请你来帮老师折一折。

（学生对折并展示。）（如图2）

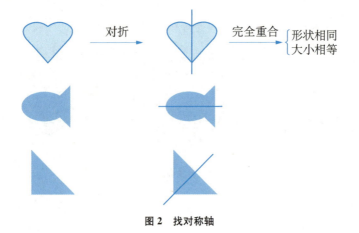

图 2　找对称轴

师：很好，我们也找到了这样一条直线，使三角形的两侧完全重合。请同学们观察这3个图形，它们有什么共同的特征？

生：通过对折，都能找到一条直线，使两侧图形完全重合。

师：像这样的图形，就称为轴对称图形。折痕所在的直线称为对称轴。

片段三：走入对称世界，拓展升华

师：同学们说一说，生活中见过哪些轴对称图形？

生：黑板是轴对称图形。

生：蝴蝶是轴对称图形。

师：同学们都说得很好，老师也收集了许多轴对称图形，我们一起来欣赏。

（欣赏生活中的各类轴对称图形：建筑、倒影、脸谱、标志、剪纸等。）（如图3）

师：同学们，轴对称图形不但存在于数学图形中，在生活中也能找到，比如各种建筑物中、自然风景中、人类的艺术创作中……轴对称图形给我们带来了一种对称美。

生：原来轴对称图形那么多啊！

师：今天课后有一个小作业，请同学们剪一个喜欢的轴对称图形。

图3　生活中的轴对称图形

四、成效评述

1. 在情境中感知。

在具体的教学中,激发学生学习兴趣,营造宽松、融洽的环境,引导学生积极参与、主动探索,显得尤为重要。在"创设情境激趣,初步感知"阶段,通过剪爱心的活动将学生带入轴对称图形的世界,从一开始就吸引了学生们的注意力,提高了他们参与互动的兴趣,为引入课堂主题打好了伏笔。通过剪一剪的过程,学生很容易感受到对折后剪出的爱心更漂亮,从而引出对称的概念。通过初步感知轴对称图形的特征,激起了学生的探知欲望,很自然地把学生带入课堂。学生剪纸后还未尽兴,于是我引导全班学生进行交流,根据学生的表述,抓住时机,促进学生加深对对称的理解。

2. 在探索中体验。

在本次课教学时并没有采用传统的灌输手段,而是把学生看作课堂的主角,充分利用数学知识的魅力,为学生创设一个发现、探索的学习情境,使他们在探究数学知识的过程中,体验知识的形成过程。在探究新知部分,通过对折爱心、鱼和等腰直角三角形,让学生通过比较，理解什么叫完全重合，从而突破重点。为了使学生充分体验到轴对称图形的这一特征，我安排了折一折、比一比、猜一猜、剪一剪等一系列活动，让学生的多种感官参与到教学活动中，通过直观感受获得了对轴对称图形的认识。在交流的过程中我会适时帮学生进行归纳总结，引导他们进一步理解轴对称图形的特点及对称轴的含义。

3. 在欣赏中升华。

本课的结尾是让学生在轻音乐中欣赏古今中外著名的对称建筑、中国剪纸、标志等，让学生感受到数学与生活的联系，学会欣赏数学中的美。特别是将古建筑和中国剪纸的展示渗透到数学学习中，这不仅是学习数学的好材料，而且还是展示民族文化的好题材。最后设计了一个小作业，请同学们剪一个自己喜欢的轴对称图形，这样课虽完，意未尽，学生的思考还在继续。

在小学数学课堂教学中，创设各种各样的情境不仅能激发学生的学习兴趣，提高课堂教学质量，形成生动、活泼、高效的课堂教学环境，而且还能培养学生的实践操作能力和思维能力，促进学生潜能的发挥。教师不再是简单的知识传授者，而是一个组织者和引导者，调动起每一位学生的学习主动性，使他们真正成为学习的主人，积极地参与教学的每一个环节，努力地探索解决问题的方法，大胆地发表自己的观点。学生始终保持着高昂的学习情绪，切身经历了"做数学"的全过程，感受到了数学学习的快乐，品尝到了成功的喜悦。

（上海市浦东新区三灶学校　陈佳丹）

案例25：想象情境激活文本内容

一、设计背景

执教内容是沪教版《语文（五年级第一学期）》的第三十七课"詹天佑"，其教学目标是：让学生了解杰出的爱国工程师詹天佑的事迹，激发学生热爱祖国、立志为祖国作贡献的思想感情；同时，让学生从他的科学态度和刻苦精神中受到启迪。

二、设计创意

小学语文教材的题材大致可分为写人、记事、写景、状物四大类，课文中的情境大多由美的人、美的事、美的物交织而成。因此在教学中，教师借助具体形象的画面、优美动听的旋律、丰富多彩的角色扮演及还原文本场景的事实演示等多种方式,向学生展示文本中所涉及的不同生活场景。在此过程中,再加上教师全身心的投入,才能创设出富有感染力的课堂情境,加深学生对文本内容的记忆,提高课堂知识习得的有效性。

三、精彩过程

师:同学们,历经千辛万苦,克服种种困难,京张铁路终于圆满竣工了。为了表示庆贺,让我们来召开一个记者招待会吧!你们说说可以邀请哪些人呢?

(学生展开几分钟的小组讨论,集思广益。)

生1:我认为必须要邀请记者,尤其是那帮原先看不起我们中国工程师的外国记者。

师:说得真好!给他们一个有力的回击,谁让他们当初口出狂言!

生2:我觉得还得邀请帮忙修筑京张铁路的那些工人们。

师:你想得可真周到啊!不过,这么多工人,记者招待会坐得下吗?有没有更好的办法呢?

生3:叫他们派几个代表就行了呀!

生议论:好办法!有道理!

生4:还有那个一起商量计策、决定采用中部凿井法的老人。

师:你文章看得真仔细啊!确实,他有功劳!得请!还有吗?

生5:叫几个群众来证明詹天佑的厉害!

(学生哈哈大笑。)

师:老师非常开心,你在积极开动脑筋。不过,记者招待会所邀请的人应该是有杰出贡献、要加以表彰的人呐!要搞清楚对象哦!

生5:哦,我明白了。

(在一番讨论后,学生热情高涨、踊跃参加。我又组织学生选出詹天佑、工人代表、中外记者等角色。)

师:我宣布"京张铁路竣工记者招待会"开始。

"记者1":请问詹天佑总工程师,您主持修筑的京张铁路比原计划提早两年竣工,此时此刻,你的心情怎样?有什么感想?

"詹天佑"：我的心情非常激动，因为京张铁路是中国人自己修筑的第一条铁路，是为中国人争气的铁路。我们用实际行动给藐视中国的帝国主义者一个有力的回击。（此时教师提议学生要狠狠地看一眼外国记者。）我相信，不久的将来，我们会建造更多更好的、属于我们中国人自己的铁路！

"记者2"：我想请问詹天佑总工程师，当时您接受修筑京张铁路的任务时，面对帝国主义国家的诸多阻挠与要挟，您是怎么想的？

"詹天佑"：当时我既高兴又紧张，感到任务艰巨，责任重大。身为中国人，我自认应该义不容辞地为祖国效力。因此我顶住多方压力，有人说我"自不量力"，有人说我"胆大妄为"，朋友还将一张外国报纸给我看，上面写着："能在南口以北修筑铁路的中国工程师还没有出世呢！"这些话让我非常气愤，从那一刻起，我发誓一定要把这条铁路修好，用实际行动证明我们中国工程师也是可以创造奇迹的！

"记者3"：我想采访一下工人师傅们，请问在修筑京张铁路过程中，你们是如何克服困难的？为什么能提前两年完成任务呢？

"工人1"：我们靠的是坚定不移的信念，外国人能干的事，我们中国人也一定能行！

（教师提示学生可以适当运用文本内容丰富语言。）

"工人2"：这得感谢詹总工程师的带领，不管是勘测线路，还是开凿隧道，他都和我们同吃同住，遇到困难总是冲在最前面。

"工人3"：缩短工期最要感谢的是詹先生设计出了"人字形"线路，这简直太神奇了！

师：那些外国记者怎么不说话呀？

"外国记者1"：我为之前轻视你们中国工程师而道歉，对不起！

"外国记者2"：中国工程师了不起！中国人民了不起！希望我国的工程师也和你们一样有如此坚定的信念。

……

随着下课铃声的想起，"记者招待会"在同学们的不舍中结束了。

四、成效评述

通过一场精彩的"记者招待会"，可以看到本堂课的教学目标得到了较为显著的落实。

首先，学生对于爱国工程师詹天佑的事迹有了透彻的了解。其次，学生们在讨论、发言的过程中，字里行间无不流露出热爱祖国、立志为祖国作贡献的思想感情。他们强烈的民族自豪感溢于言表，动人心弦。课堂奏响了爱国主义教育的最强音。

南朝学者颜之推说过："人在年少，神情未定，所与款狎，熏渍陶染，言笑举动，无心于学，潜移暗化，自然似之。"即对少年儿童的培养教育，重要的是"陶情冶性"。小学语文教学应由课堂延伸至课外，教师精心创设的情境就好似一个过滤器，使孩子的情感得到净化和升华。净化后的情感体验更具有感染力、动力性，从而辅助孩子认知能力的发展，让孩子们把从情境中萌生的感受、体验、情感迁移到相应的文字中来，从而使他们对文字更为敏感。

综上所述，我认为语文应是一门综合的艺术课。创设情境开展教学，是学生所需，是我们小学语文教师应努力做好的事情。在小学语文教学这片沃土上，可播撒德育的种子，可结出德育的果实。我们一定要不失时机地利用好这片沃土，充分挖掘其内在的育人因素，潜移默化地在教学中进行德育渗透，寓德于语，以情树德，为培养出德、智、体、美全面发展的高素质人才而努力。

（上海市黄浦学校　仲学雯）

案例26：　案例情境隐含明理践行

一、设计背景

《品德与社会》课程的三维教学目标是学科育人价值的集中体现。我将沪教版《品德与社会（三年级第二学期）》中的"公共场所讲卫生"一节的三维目标定为：让学生了解个人卫生与公共卫生的关系，知道在公共场所避免疾病传染的一些方法；在此基础上，理解个人在公共场所的行为会影响到他人的健康，能在公共场所自觉讲究卫生，不做可能传播疾病的事情；最后，获得在具体情境中进行道德思辨的体验，基本形成维护公共卫生的公德意识。从教学目标中可以看出，教师通过思辨的学习方式来实现学科的育人价值。

二、设计创意

以近期由于天气变化引起的感冒现象为切入点，组织学生就一张请假条展开讨论。学生们各抒己见,在课堂中进行道德思辨的体验。随后,借助学生熟悉的公共场所——游泳池,回忆自己游泳时的行为表现,并在师生互动中明确个人卫生与公共卫生间的关系。在此基础上,明白个人在公共场所的行为会影响到他人的健康,并通过科学知识的学习,了解其中的原因。

三、精彩过程

片段一:

教学伊始,我联系最近天气温差变化大、容易感冒的现象,让学生说说感冒后的症状,随即创设一个生活情境——嘉嘉妈妈给老师发了一条短信,用多媒体出示短信内容。

> 老师:
>   您好!嘉嘉昨晚喉咙肿痛,咳嗽厉害。医生说是患了病毒性感冒。她怕耽误学习,坚持要到学校上课。望老师多关心,中午提醒她吃药。如果孩子有什么不适,麻烦老师打电话给我们。
>   谢谢!
>
>   嘉嘉妈妈

片段二:

师:如果你是老师,会怎么答复这位家长?

生:提醒吃药,不舒服打电话。

生:同意上学。

生:我会打电话让嘉嘉妈妈把嘉嘉接回家。

师:如果当时你感冒了,你会怎么做?

(教师在黑板上张贴"坚持上学"、"养病休息"两个栏目,让学生作选择,并阐述理由,展开辩论。在思辨活动快结束前,教师让学生作第二次选择,并阐述改变的理由。见表1。)

表1 两次思辨结果汇总与对比

观点	第一次思辨选择		第二次思辨选择	
	人数	理由	人数	理由
坚持上学	21	4人认为学习知识很重要。	1	
养病休息	20	1人认为身体最重要。 1人认为会传染同学,其他同学也会生病的。	40	3人认为病菌太可怕,老师和同学都会被传染,危害大。 2人认为身体更重要。 1人认为不仅要讲个人卫生,还要讲公共卫生。

师:也许嘉嘉和她的妈妈当时还没意识到这点。如果你是老师,你觉得该如何回这个短信呢?

生:已经得病,病菌会传染给别人,因此最好还是在家休息,恢复健康后再来学习。

生:你还是让孩子在家休息,如果来校会把病菌传染给别人,别人也可能会生病的。

片段三:

第一层次教学:借助学生熟悉的公共场所——游泳池,让他们回忆自己游泳时的行为表现,并在师生互动中明确个人卫生与公共卫生间的关系。

师:让我们把话题转到一个熟悉的公共场所——游泳池。一到夏天,大家都会去游泳池游泳。在泳池游泳,既锻炼身体,又能避暑降温。我们去游泳时,会做哪些事呢?

(学生自由交流:体检、凭证入池、带泳衣泳裤、戴泳帽、冲淋、消毒、滴药水……老师随机板书。)

师:这些都是讲卫生的行为。那么,我们何时冲淋?

生:游泳前与游泳后。

师:两次冲淋是为了什么?

生:游泳前是为了冲掉身上的脏东西。

生:怕自己的脏东西带到游泳池,污染了水。

师:游泳前冲淋不仅是个人卫生好习惯,还能保障公共卫生。

生:游泳完冲掉漂白剂,否则会得痘痘。

师:这是个人卫生好习惯。

第二层次教学：利用教材中的实例，再次理解个人在公共场所的行为会影响到他人的健康，并通过科学知识的学习，了解其中的原因。

师：小刚和大家一样，也是位文明的游泳爱好者。他每次去游泳都会做到入池前冲淋，进消毒池消毒，把痰吐到水槽里，去厕所小便。这都是小刚维护公共卫生的行为，也是讲公德的具体表现。可是小刚上完游泳课后，发现自己的手臂上都是红点，他马上去医院就诊。原来小刚被传染上皮肤病。你怎么看待这件事？

生：小刚不再去游泳了。

生：公共卫生需要大家一起维护。

生：提醒小刚，及时就诊。

师：小刚传染上皮肤病，那是病菌在作怪。嘉嘉患病毒性感冒，也是由于病菌侵入到体内所致。让我们来认识下这些作恶多端的病菌吧。

（教师播放视频"病菌的自述"。）

师：病菌无孔不入，传播的途径也很多，它能通过空气、水、血液、皮肤接触、昆虫叮咬等途径进行传播。大家再来看看小刚是怎么传染上皮肤病的？

生：通过水、皮肤接触。

师：嘉嘉患了病毒性感冒，会产生什么后果？

生：病菌通过空气传播给同学、老师。

四、成效评述

1. 联系生活，创设冲突性的思辨点。

思辨点是激活学生思辨的要素，应该是来自学生生活或社会生活中的两难（疑难）问题。这类问题的背后隐藏着冲突，不仅能够引起学生的思辨与学习的兴趣，更有助于促进学生辨别是非与行为选择能力的发展。对思辨点的选择是思辨教学成功与否的关键。

2. 经历过程，强化学生的认知与体验。

从上述的片段描述与对比表中可以看出，学生的第一次思辨活动往往是以他们的生活经验和认识水平为基础的，因此带有一定的局限性，逻辑性也不强。在经历思辨体验的学习过程中，学生会接触到各种不同的道德推理方式；面对比自己稍强或不同的推理方式时，他们会发生认知失衡；在寻求新的认知平衡的努力中，又会逐步理解并接受同伴的观点。

由此可见，学生通过思辨学习后，不仅认知得到了发展，基本了解到个人卫生与公共卫生间的关系，初步形成了维护公共卫生的公德意识，而且深刻体会到了病菌传染的危害性，能在公共场所自觉讲究卫生的道德判断上作出正确的行为选择。因此三维目标有效落实，促进了学生的发展。

3. 层层深入，提升学科的育人价值。

教师要设计好思辨活动的层次，使思辨活动层层深入，这样才有助于学生在思辨活动中全面、辩证、发展地看清问题的本质，形成对事件的正确判断，树立正确的价值观。

第一层次的教学是让学生在师生互动中清楚地认识到，自己在游泳事件中常见常做的一些行为不仅是个人卫生好习惯，还是社会公共道德行为的表现，发展了学生的道德认识。

第二层次的教学更加辩证与深入，通过教材中"小刚在公共场所有公德意识，但也被传染到皮肤病"的事例说明，维护公共场所的公德意识必须人人树立，人人做到。教师又及时借助视频，让学生形象地了解到被传染的原因。此时学生的认知已经经历了"要有——人人有——为何要有"的提升过程，而且还深刻认识到病菌传染的危害性，因此，再次作行为选择时，学生的道德判断能力就发生了较大的变化。

总之，开展思辨体验活动的目的就是要帮助学生看清事物的本质，在认识本质的过程中，获得情感体验，提高辨别是非与进行行为选择的能力。有层次的思辨，更能让学生看清事物与事物之间的内在联系，从而提升学科的育人价值。

（上海市奉贤区教育学院附属实验小学　张　乐）

案例 27： 案例情境驱动话题研讨

"依法保护未成年学生的合法权益"教学案例

一、设计背景

（一）学生背景：班级这两天发生了一起意外事件，一个经常恶作剧的男生因自习课被纪律委员记名字，课间就故意往纪律委员桌上扔课本。结果恰好砸在旁边一个女生的鼻子上，导致该女生鼻梁骨受到严重伤害，血流不止，后被送去医院。而该男生却还是一副无所谓的样子，觉得老师不能拿他怎么办,大不了赔点医药费就行了。通过平时的观察我也发现,我们的学生普遍比较活泼好动,每班都有一些纪律性不强的学生,爱开玩笑,课间追逐打闹现象也比较多。经常有学生跑到办公室来报告:谁和谁闹矛盾了,谁被谁捉弄了,谁课堂违纪了,谁又打架了……通过调查与访谈,我发现,大部分调皮学生是抱着好玩的心理在捉弄同学;还有些学生对自己行为后果的严重性认识不足,存在着侥幸心理,认为这样做不会怎么样。另外,最近各大网络媒体上层出不穷的关于校园暴力伤害事件的报道也让人触目惊心,这些严重的校园暴力其实也是由一些缺乏有效教育与遏制的恶作剧行为逐步发展起来的。

(二)课程背景:"依法保护未成年学生的合法权益"是沪教版《思想品德(六年级第二学期)》第八课"学校生活 法律保护"第二框的内容。本课在第一框内容的基础上,进一步走近《中华人民共和国未成年人保护法》(下文简称《未成年人保护法》),深入探讨国家对未成年学生在学校生活中所享有的合法权益的相关保护。通过深入研究教材,我发现教材着重强调要依法保护未成年学生在受教育、人格尊严、人身安全与健康三个方面的合法权益,并列出了很多法律规定,但丝毫未提及法律的另一面:法律对每一位学生既是一种保护,也是一种约束!如果完全按照教材的思路开展教学,我怎样才能解决在学生群体中发生的这些实际问题呢?如何才能让这一堂课更接地气、更能解决实际问题呢?这是我在上这堂课前一直在思考的问题。

二、设计创意

(一)教学目标的创意

为了让这堂课的设计更有效,我觉得有必要换一个角度去引导学生,因此,在教学目标上我补充了以下内容:希望通过这节课的学习,能让学生明白,《未成年人保护法》对于未成年学生来讲,既是一种保护,也是一种约束;希望大家在遵法守法的基础上,学会尊重他人、友善待人、换位思考,共同营造和谐有序的班级环境,减少未成年学生之间的各种侵权行为。

(二)教学资源的创意

为了达成这样的教学目标,我把教学案例资源选取范围从各种侵权行为缩小到未成年学生之间发生的侵权行为。最终我选择了真实存在的、紧贴学生生活实际的生本资源——把前文提到的意外伤害事件作为本课的主线,经过适当处理后,将其制作成为数字故事,层层深入。整节课紧紧围绕通过这一案例资源创设的情境开展教学活动。

（三）教学形式的创意

为了让学生的讨论更深入，在教学形式上，我采用了小组研讨方式。同时，充分利用"软白板"这样一个载体，将所有学生的智慧整合起来，实施零存整取，这样更易于保存学生在上课过程中的生成性资源。

三、精彩过程

引入课题后，学生先观看数字故事"静静的烦恼"（主人公：超超——侵权者，静静——被侵权者），并思考：本案例中，静静的哪些合法权益受到了侵犯？根据学生的回答总结出未成年学生的三大权益受法律保护，然后提出问题：国家为什么要特别制定《未成年人保护法》？再进一步追问：这些法律规定都是针对未成年人的，我们是未成年学生，只要享受法律的保护就行了，这种想法对吗？通过问题的形式引发学生进行深入思考，并得出结论：《未成年人保护法》对每一位未成年学生既是一种保护，也是一种约束；它保护我们每一位遵法守法的同学，也约束着个别同学不要对他人权益进行侵害。这样两个层层深入的问题设计，在达成既定的教学目标的同时，也对学生的逻辑思维能力提出了更高的要求。

接下来，通过观看视频、小组讨论、交流发言等形式，让学生明白为了保护未成年学生的合法权益，从国家到社会到学校到老师，大家都在共同努力，做了很多工作。然后引导学生思考：作为未成年学生的我们，应该怎么做？首先，让学生思考假设任由恶作剧行为发展下去，会产生什么后果。让学生意识到，侵犯他人合法权益，最后只能是损人不利己。然后，通过分组讨论——"静静，我们想对你说……""超超，我们想对你说……"，让学生一起为静静和超超出谋划策。最终，通过讨论与分享活动，让学生明白，面对侵权，我们应该勇敢说"不"，积极寻求帮助，学会自我保护，时刻谨记《未成年人保护法》是未成年学生保护自己合法权益的法律保护伞；在与同学相处时，要学会尊重他人、友善待人、换位思考、懂法遵法。同时，为了让学生们加深对恶作剧行为后果的认识，我还呈现了本案例的最终处理结果：超超被警告处分，赔偿静静所有医疗费用，并做出郑重道歉。同时，也与学生们分享了班主任所写的一封言辞恳切的信，再次重申法律保护与约束的并存性，现场所有同学都深受触动。

课程结束前学生们的交流发言让我明白，我想要的教学效果达到了。

生1：如果我是静静，我一定要勇敢说不！寻求老师和家长的帮助。

生2：请每一位喜欢恶作剧的同学换位思考一下，假设你是被欺负的那个人，你会不会难受？

生3：只有尊重别人的人，才能得到别人的尊重。超超，希望你能学会尊重。

生4：每一个人在法律面前都是平等的。超超，你在欺负静静的时候，有没有想过你其实已经触犯了法律？

生5：请每一位同学记住，法律保护着我们的同时，也约束着我们的一些不当行为。

生6：超超，暴力解决不了问题，请遵守法律规则！假设你遇到一个比你还要厉害的人怎么办？我们是法治社会，请摒弃暴力！

……

作为老师的我，整堂课很少进行正面说教，而是借由学生的交流发言将想说的话讲了出来，而且他们说得比我所设想的还要周全与深入，真正做到了让学生教育学生，充分利用了课堂即时生成的"生本资源"，这比老师单纯说教的效果要显著多了。

四、成效评述

本堂课之所以能拨动学生的心弦，让他们有所感、有所悟，主要原因在于我上课时充分利用了学生身边发生的真实案例，创设了真实有效、触动人心的教学情境。

1. 有效的情境创设，激发学习兴趣。

本课一开始我就呈现了精心制作的数字故事、生动的配图和抑扬顿挫的配音，学生的注意力马上就被案例深深地吸引住了。而且这个故事是根据发生在学生身边的真实案例进行加工的，此类有关同学之间恶作剧、开过分玩笑的案例在每个班级都不同程度地存在着，很容易引发学生的共鸣。再加上精心设计、层层深入的问题，启发了学生的思考，因此何愁不能激发学生的课堂学习兴趣和积极性呢？

2. 有效的情境创设，引发深入思考。

巴尔扎克说过："打开一切科学大门的钥匙都毫无疑义的是问号，开发学生的潜能，必须鼓励学生从质疑开始。"学生有了疑问才会去进一步思考，才能有所发现，有所创造。在思想品德课教学中，应该创设一定的问题情境，鼓励学生通过活动自主质疑，去发现问题，大胆发问。

discussion一：学校在保护未成年学生的合法权益方面，做了哪些主要工作？通过这样的讨论观察活动，让学生自发总结：原来很多不经意的小细节，都饱含了学校对未成年学生合法权益的关注与保护。讨论二：静静应该怎样维护自己的合法权益？超超应该怎样控制自己的不当行为？在完整的故事情境下，开展这样一次既能解决实际问题，又能启发学生深思的讨论活动，非常有利于学生思维火花的碰撞，也形成了极具实效性的教育契机。

3. 有效的情境创设，解决实际问题。

整堂课都紧紧围绕一个案例情境展开，学生通过思考、讨论、分享等活动，深刻认识到：面对过分的侵权行为，我们要敢于说"不"，要积极寻求帮助；那些曾经侵犯过同学合法权益的学生，应该树立规则意识，不要做损人不利己的事情，要学会尊重；大家应一起齐心协力，创设和谐有序的学习环境。课后观察发现，学生之间恶意作弄的行为变少了，正面积极的声音变强了……我想，课前我希望解决实际问题的愿望达成了。

学习是一种思维活动，思维活动越深入，学习的效果就越好，获得的情感、态度和价值观倾向越稳定。因此，思想品德课不仅要引导学生的认知，让学生有经历触动心灵的学习过程的体验，而且要设计紧密结合学生生活实际的课堂情境，引导学生在情境学习中领悟知识，从而引发学生的价值认同。从学生出发，到学生中去，最终解决学生的实际问题，真正体现"一切以学生为本"的教育理念！

（上海市曹杨二中附属江桥实验中学　蔡青桔）

案例28：图表情境显示分数意义

一、设计背景

对于人教版《数学（六年级上册）》第六单元第一课时"百分数的意义和写法"，其教学目标是：1. 通过联系生活，让学生理解百分数的意义，会正确地读百分数，写百分数。2. 通过百格图，让学生更好地解释百分数的实际含义。3. 让学生明白百分数与分数之间的联系与区别，能体会到百分数的优越性。4. 培养学生的归纳、比较、抽象、分析的能力。

二、设计创意

把百格图引入百分数的学习中来,可以给学生提供一个直观形象的素材,让学生在形象、生活化的情境中体会百分数的意义。依据直观明了的百格图,学生能理解百分数的分子什么时候大于100,什么时候小于100,什么时候等于100;体会到百分数不仅可以表示一个部分量占总量的百分之几,也可以表示部分量占部分量的百分之几。

三、精彩过程

环节一:

课件出示:用流水冲洗30秒以上,可以洗掉80%的细菌。

(1) 这里的80%表示什么意思?

(2) 请你们用一幅简单的示意图表示80%的含义。

(学生动手操作。同桌互相说一说,交流想法。学生汇报。)

生1:我画的是一个长方形阴影,平均分成五份,每一份表示20%,我涂了四份,表示80%。整个长方形表示手上的细菌数,涂色的部分表示手上洗掉的细菌数。

生2:我画的是一条线段,平均分成十段,每段表示10%,我取了八份表示80%。整条线段表示手上的细菌数,取的部分表示手上洗掉的细菌数。

生3:我画的是张百格图,平均分成100份,每一份表示1%,我涂了80份,表示80%。整个正方形表示手上的细菌数,涂色的部分表示手上洗掉的细菌数。80%表示洗掉的细菌数是手上所有细菌数的80%;没有涂色的部分表示没有洗掉的细菌数,也就是20%。(如图1)

师:在这些图中你更喜欢哪一个?

生:百格图。

师:在这些图中哪一个更加简单明了、直观形象?

用流水洗手30秒以上,可清除80%的细菌。

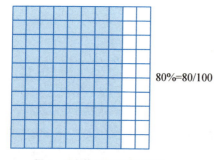

80%=80/100

图1 用百格图显示题目信息

生1：百格图简单。

生2：百格图直观形象。

师：在刚才的这些图中，百格图看起来更加直观形象，下面我们借助百格图来分析以下信息。

环节二：

课件出示：我们六(1)班有男生30人，女生20人，全班50人。

(1) 六(1)班的男生人数是全班人数的60%。

师：请大家快速用百格图表示60%的意义，你会怎么涂？

（展示学生作品（如图2）：现在涂色部分表示什么人数？整个正方形表示什么人数？没有涂色部分表示什么人数？可以用哪个百分数表示没有涂色的部分？)

生1：涂色部分表示男生人数。

生2：整个正方形表示全班人数。

生3：涂色部分占整个正方形的60%，也就是男生人数占全班人数的60%。

生4：没有涂色部分表示女生人数。

生5：40%表示没有涂色的部分。

生6：没有涂色部分占整个正方形的40%，也就是女生人数占全班人数的40%。

师：（课件出示：(2) 男生人数是女生人数的(　　)%。)如果在这里填一个百分数，你觉得会填一个怎样的百分数呢？为什么？

生1：会填150%。

师：你真聪明，你都会计算百分数的题了！但我们只需要知道是一个怎样的百分数。

生2：会填一个大于100%的数，因为男生人数比女生人数多。

师：（课件出示：(3) 如果这学期转来了10名女生，这时，男生人数是女生人数的

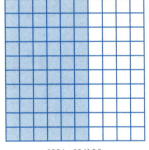

六一班有男生30人，女生20人，全班50人。
(1) 男生人数是全班人数的60%。
(2) 男生人数是女生人数的(　　)%。
(3) 如果这学期转来了10名女生，这时，男生人数是女生人数的(100)%。

60%=60/100

图2　用百格图显示题目信息

( )%。)这里填100%说明了什么?

生:男生人数和女生人数一样多。

师:从这三个百分数你发现了什么?

生1:当男生人数<女生人数时,百分数<100%。

生2:当男生人数>女生人数时,百分数>100%。

生3:当男生人数=女生人数时,百分数=100%。

生4:百分数不仅可以表示一个部分量与总量之间的关系,也可以表示部分量和部分量之间的关系。

师:刚才,我们借助百格图理解了那么多信息,尽管每条信息表达的意思各不相同,但都用百分之几的形式表示了一个数与另一个数之间的关系。

师:谁能说一说什么是百分数的意义?

生:百分数表示一个数是另一个数的百分之几,百分数又叫百分率或百分比。(如图3)

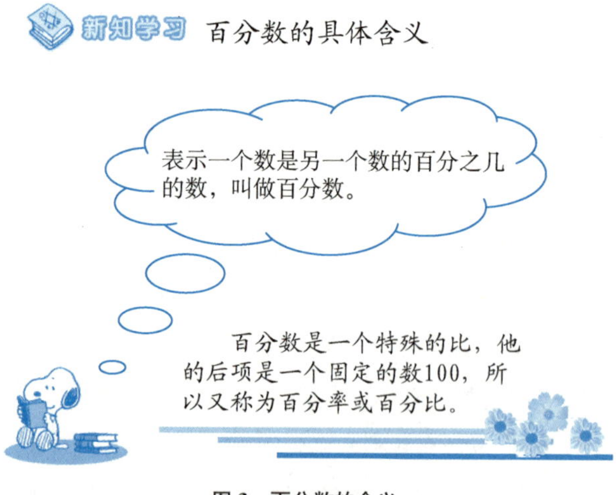

新知学习 百分数的具体含义

表示一个数是另一个数的百分之几的数,叫做百分数。

百分数是一个特殊的比,他的后项是一个固定的数100,所以又称为百分率或百分比。

图3 百分数的含义

四、成效评述

第一,《义务教育数学课程标准(2011年版)》在教学的注意问题中,明确指出,数学必须从学生熟悉的生活情境和感兴趣的事物中提供观察和操作的机会,使他们感受到数学就在身边,感受到数学的趣味和作用,从而对数学产生亲切感。百格图对于学生来说不陌生,在学小数和分数时都用过,所以采用学生熟悉的情境,让学生亲切感到百分数就在我们身边。

第二,通过让学生动手操作、看学生作品、思考问题、说一说等多种活动,学生的多种感官参与到了各种活动中,从直观形象的百格图中发现百分数的特征后,能自己用比较精准的语言表达出百分数的意义。通过百格图表示涂色部分分别占整个正方形的百分之几,占空白部分的百分之几,学生感悟出分子小于 100 的百分数、分子大于 100 的百分数及分子等于 100 的百分数分别适用的情境。这一过程有助于把抽象概念具体形象化,培养了学生的动口、动手、动脑的能力,还有利于发展他们的创造性思维和数学语言的表达能力。

第三,德国教育家第斯多惠说过:"一个坏的教师奉送真理,一个好的教师则教人发现真理。"确实,授人以鱼不如授之以渔。在这个环节我始终以学生为主体,让学生在自主探究、合作交流、比较分析的过程中逐步感悟,归纳概括出百分数的意义,体验到"具体到抽象,个别到一般"的数学思想方法,充分发挥了学生的主体性。并通过自觉反馈等环节,提高了学生自主学习的能力。

通过本节课的情境教学,我强烈地感受到:教学情境看似平常,但平常中蕴含着智慧;看似简单,但简单中孕育着深刻。教师只有把有效情境落实到每一节课,才能真正提高课堂教学的实效性,提高教学的质量。

(新疆乌鲁木齐市第三十四小学　魏云霞)

案例 29: 图画情境展现搭配组合

以"搭配中的学问"为例

一、设计背景

执教内容是人教版《数学(三年级下册)》第 102 页例 2 及相关内容,其教学目标是:使学生在解决实际问题时,通过摆一摆、画一画、连一连、写一写等活动探索搭配方法,体会有序思考;

图1 学生创作的学具

体会数学与生活的密切联系,经历数学化过程,感受符号化思想。

二、设计创意

教学的艺术不在于传授知识的多少,而在于激励、唤醒、鼓舞。教学中我根据三年级学生的年龄特征、知识经验、认识规律等因素,让学生自己画两件上装和三件下装作为学具(如图1),使学生身临其境,激发他们探索学习的欲望。

三、精彩过程

(一)实物情境引入

(多媒体课件出示"聪聪"和"明明",并配上《生日快乐》这首歌。)

师:同学们,今天是小精灵明明的生日,他邀请大家参加他的生日聚会,你们想去吗?

(学生回答。)

师:哎呀,你们瞧,聪聪可犯愁了,该穿什么衣服去呢?你愿意帮助她吗?

(学生回答。)

(教师多媒体出示聪聪的衣橱。)

师:今天我们就一起来研究搭配中的学问。

(板书课题:搭配中的学问。)

(二)探究新知,感悟有序,体会符号的简洁

1. 同桌合作,尝试搭配

师:如果一件上衣只能搭配一条裤子或者裙子,一共有多少种搭配方法?怎样可以做到不重复也不遗漏呢?

(同桌合作:同桌两人一组,每一组坐在左边的同学打开信封,拿出学具,两人一起边摆

边思考。)

2. 学生在交流中探索搭配方法

师:哪个小组愿意把搭配的方法展示出来?
(请一组学生在黑板上演示搭配方法。)
师:我们可以用一件上装搭配不同的下装,还有谁的搭配方法和他们小组不一样?
(学生汇报。)

3. 多种方法展示

师:刚才我们是用学具动手摆一摆,如果没有这些学具,我们还能有其他的方法可以知道有多少种不同的搭配方法吗?

(1) 文字表达(如图2)

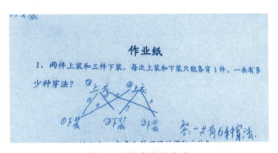

图2 文字表达的方法

(2) 符号表达(如图3)

图3 符号表达的方法

(3) 序号表达(如图 4)

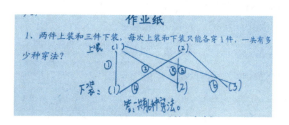

图 4　序号表达的方法

(4) 算式表达(如图 5)

图 5　算式表达的方法

师(小结)：像这样去思考问题，就可以做到不重复、不遗漏地找到所有问题的答案，我们称之为"有序"的思考。

(板书：有序思考。)

师：同学们用了很多不同的方法表达自己的想法，你喜欢哪一个？说一说你的想法。

(学生回答。)

师：这些方法各有优点，其中用符号表达既简洁又明确。

四、成效评述

在本节课教学中,我以给明明过生日的情境设计贯穿全课,让学生用自己准备的学具找出搭配方式,使数学教学过程更具体。交流汇报时学生用不同的方法表示出了搭配方法。在课堂练习中,让学生通过搭配点心饮料,为快要过生日的妈妈选一束花、一个蛋糕、一张贺卡,提升学生的认识水平,让学生懂得数学源于生活并用于生活。最后再让学生回家找一找生活中的搭配现象,使知识在课后得以延伸。通过本节课的学习,学生学会了用数学的眼光观察生活,认识到原来搭配中也有那么多的数学知识呀!

好的问题能引发学生的积极思考,激发学生求解的欲望;借助好的问题情境,教师与学生、学生与学生之间的交流会更加和谐,从而在快乐的氛围中解决问题。因此,问题情境的创设要结合学生掌握的数学知识和认知特点,问题的设计是否有效不仅直接影响本节课教学的成功与否,还对学生将来的发展产生深远的影响。

搭配问题其实也是一个乘法模型,在教学中,我们要有意识地让学生在知识的探究过程中去感知、体验、拓展、提升数学思想方法,提高课堂教学效果!

(新疆乌鲁木齐市第五十九中学　韩　鹭)

案例30: 趣味情境注入运算活力

一、设计背景

"创设情境"是小学数学教学中常用的一种策略,它有利于解决数学的高度抽象性和小学生思维的具体形象性之间的矛盾。如:对于人教版《数学(二年级下册)》第八单元的"克和千克"练习课,通过创设情境进行练习,使学生感受质量单位克与千克的区别与联系,从而提高学生根据所学知识解决问题的能力。

二、设计创意

通过本节课的教学,让学生在情境的创设与实践中真实感受生活中的数学。本节课开始时以学生喜欢的动画人物(小熊维尼)引入新课,并通过创设三只小熊为它买水果的情境激发学生的求知欲望,从而达到练习的目的,使学生身临其境,轻松解决书本上的问题。

三、精彩过程

1. 情境引入

师：同学们，很高兴今天能和大家一起来上课，老师还给大家带来一位小嘉宾（出示小熊维尼的图片）它是谁？

生：小熊。

师：这就是小熊维尼，今天是维尼的生日，它的三位好朋友要来为它庆祝。瞧！维尼一大早就起来准备了，我们一起来看看它都准备了哪些好吃的。（出示图片，如图1。）

图1　小熊维尼准备的食物

师：请同学们说一说维尼都准备了什么吃的。

生：有梨子、玉米、西瓜、鱼、蜂蜜。

（本环节情境引入，激发学生的学习兴趣。）

2. 基础练习

师：三只小熊都想买些水果作为礼物送给维尼。

（出示图片，如图2。）

师：从这幅图上，你发现了哪些数学信息？

生：苹果2元500克、桃子1元500克、香蕉5元500克、荔枝8元500克、西瓜3元500克、菠萝3元500克。

师：有一只小熊想买1千克苹果和500克桃子，那它要花多少钱呢？请在练习本上列式。写完的同学和你的同桌说说你的思路。

名称	价格	名称	价格
苹果	2元500克	荔枝	8元500克
桃子	1元500克	西瓜	3元500克
香蕉	5元500克	菠萝	3元500克

图2　三只小熊买水果

3. 思维拓展：

师：我们继续出发吧。

（出示图片，如图3。）

图3　船载重量和三只小熊重量

师：河对面就是维尼家了，小熊们要怎样过河呢？你发现了哪些数学信息？

生：船载重70千克，三只小熊分别重30千克、35千克、40千克。

师：船载重70千克是什么意思呢？

生：一次只能承受70千克。

师：四人小组讨论一下三只小熊该怎样过河呢？

（学生讨论。）

师：哪组愿意给大家说一说？

生：①35千克的和30千克的先过去，30千克的再把船划过来，带40千克的小熊过河。②30千克的和40千克的先过去，30千克的再把船划过来，带35千克的小熊过河。

4. 趣味拓展：

师：老师发现同学们都非常善于思考，在大家的帮助下，三只小熊终于顺利过河，和维尼一起度过了快乐的一天。晚上，维尼觉得这一天过得非常高兴，就给奶奶写了一封信，谁来给大家读一读信的内容？

> 奶奶：
> 　　今天我的三位好朋友，为我庆祝了我的6岁生日，我非常高兴。现在我的身高已经长到了123米，我又换了一张2厘米的新床，我的身体非常强壮，有50克重呢！我每天都要吃一个60千克的鸡蛋。
> 　　奶奶，我一切都好，您也要好好照顾自己哦！
>
> 　　　　　　　　　　　　　　　　　　　　　　　　　　您的孙子：维尼

（学生发现错误，并汇报。）

师：同学们帮维尼找出了信中错误的地方，老师相信，等维尼上学以后一定会和同学们一样聪明。

……

师：今天我们一起复习了有关克和千克的知识，大家都表现得很好，希望在今后的学习中能取得更大的进步。

5. 机动练习：

老师请学生思考一下：1千克铁和1千克棉花，哪个重？

四、成效评述

整节课以"主题情境"为主线,让学生们在轻松自如的学习氛围中学习数学,感受数学的美;让他们在学习中意识到生活中处处有数学,数学就在自己身边;也激发了学生的学习兴趣,为他们提供积极思索与合作交流的机会。教学中,我通过组织学生"观察与交流",调动学生的多种器官参与学习,引导学生的探索欲望,从而培养了学生发现数学的意识。练习循序渐进,尊重了学生个体差异,使每个学生都能在原来的基础上有所进步。

通过这节课的学习和课后学生的反馈,我发现通过创设情境,把学生引入一种与问题有关的情境,不仅可以激发学生的求知欲,而且可以"以境生情",使学生更好地体验数学内容的情感,把原来枯燥、抽象的数学知识变得生动形象,让学生对学习充满兴趣。从兴趣转入探索,由探索到成功,在成功的快感中产生新的兴趣,推动数学学习不断取得新的成功。

这种特殊的教学环境,可以激发学生的探索热情和学习兴趣,培养学生的创造性思维。由此看来,创设良好的教学情境,对开启思维之门、陶冶情操、拓宽思路是至关重要的。

(新疆乌鲁木齐市第五十九中学 黄晨晨)

案例31: 魔术情境展开物理追因

一、设计背景

对于人教版高中《物理(选修3-1)》第一章"静电场,电场强度"这一节内容,其教学目标是让学生认识到电场是真实存在的。学习的难点是,因为电场本身是一种看不见、摸不着的物质,所以这种抽象性给学生深入学习电场带来了困难。

二、设计创意

在上课时,我先做一个融入了魔术表演元素的课堂演示实验,将演示实验的过程用生动的魔术语言表述出来,吸引学生的注意力,引导他们思考问题。之后魔术实验揭秘,让学生认识到电场是真实存在的。紧接着,通过生活场景的迁移,让学生对"场"有所理解。

三、精彩过程

(一) 新课引入环节:借助"辉光球"进行实验演示

师:请同学们将注意力集中在老师这里。今天老师带来一个仪器——辉光球。请一位同学来触摸一下这个神秘的魔球,大家仔细观察会发生什么变化。

(学生用手指轻触玻璃球的表面,并观察现象。)(如图1)

师:同学们观察到了什么现象?

生:手指接触魔球时,周围变得更为明亮,产生的弧线顺着手的触摸移动而游动扭曲,随手指移动起舞。

师:那同学们知道这其中的道理是什么吗?学了本节课后,我们就有答案了。

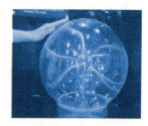

图1 "辉光球"实验演示

通过这样的方式引入新课,学生一开始看到"辉光球"很兴奋,但是想要激发大家对问题进行思考的效果却不理想。于是,我在之后的教学中进行了改进,将魔术表演的一些元素融入演示实验当中。

(准备魔术道具:氖管、辉光球,提前将辉光球藏在讲桌后面并接通电源。)

师:今天给同学们表演一个神奇的魔术——神秘的点灯术。大家请看,老师手里拿着一根氖管,请大家检查一下,这就是一根普通的充有稀有气体——氖气的小灯管。见证奇迹的时刻到了,接下来我将会让氖管发光,相信老师可以成功的就给我雷鸣般的掌声吧。

生:不会吧,有内幕!

(大家将信将疑地给了我鼓励的掌声,但都两眼直勾勾地盯着我的手看,生怕放过一个小动作,就不能戳破我的"诡计"了。)

师:请仔细看哦。

(我学着魔术师的样子,手拿氖管在空中故弄玄虚地晃了几下,嘴里念念有词,像是给氖管施加咒语以营造神秘气氛。在晃动的过程中,将氖管的另一端与桌下的辉光球靠近,当到达某一个位置时,氖管发光了。)

生(惊呼):真的亮了,好神奇!

(学生急忙问我这是为什么。这时候,我才将早早藏在桌下的"辉光球"请出场来。)

师:其实,我的魔术能够成功,离不开这个魔球——辉光球。在魔术演示的全程中,氖管并没有接触魔球,那么,氖管为何会发光呢?接下来的学习将为我们解开疑惑。

(二)"场"的概念的建立

在人类探索世界的过程中,可见、可听的现象相对还好理解一些,然而像空气、电场、磁场、引力场这类看不见、摸不着的东西就抽象多了,学生理解起来也变得困难。但是,教师在讲课的过程中可以进行一些恰当的类比,化抽象为具体,或者采用其他更好、更有效的方式。比如,对于"场"这个最早由法拉第提出的抽象物理概念,我就引入了一些学生在生活中所熟悉的情境来进行类比。

师:大家对于电场有一种陌生感,但是,接下来老师说的这些"场",你们一定熟悉。我们学校对面的北园春市场,这个"场"你们熟悉吗?

生:熟悉。

师:那么,市场的作用是什么啊?

生:买卖、交易。

师:没错,市场为商人提供了一个进行商业活动的场所。游乐场这个"场"你们也熟悉吧,干什么用的?

(学生们乐作一团,游乐场是他们感兴趣的地方,抢着分享,纷纷表现出"那是我的地盘"的感觉。)

生:游乐场当然是玩的地方,为小朋友们和大朋友们提供一个休闲娱乐的场所。

师:看来,大家都去玩过,还很喜欢呐!那么,第三种场你们肯定也十分熟悉。

(这时候,同学们已经展开思路,大胆地猜了起来:操场、菜市场、修理厂、农场、垃圾场等。看学生们的反应不错,我接着说。)

师:第三种场就是你们班主任的气场。之前老师说的市场、游乐场,还有你们说的各种场都是可见的,而班主任的气场和电场一样是看不见、摸不着的。不过,我相信大家一定都感受过。那么,电场也需要被"感受",这就需要引入"试探电荷"来试一试电场到底有何性质。

这样的情境创设不仅帮助学生建立了"场"的概念,也顺其自然地引出了"试探电荷"来进行接下来的教学任务。另外,说起学生熟悉的生活情境,学生的反应也不错,能积极地融入教学中,并有所思考,课堂气氛很不错。

四、成效评述

通过融入魔术元素的演示实验引课,并借助将抽象概念生活化的类比教学,激发了学生的学习激情,有效地达到了引发学生思考问题的目的。在老师精彩的语言中,学生学到了物理知识,同时也能体会到物理课堂的有趣之处,并由此产生一种积极的学习态度,而非对物理知识的学习产生畏惧感和逃避心理。

物理知识本身可能比较抽象。教师不能总是抱怨学生不爱学习,态度不端正;抱怨课时紧张,没时间做实验;抱怨家长只看成绩。学生学不好、成绩不好都与教师有着紧密的联系。实验上花费的时间并不是浪费,它有一种潜在的促进作用。这种促进作用或许体现在学生的实验操作能力方面,或许体现在学生处理问题的方法上面,也或许体现在学生思考问题的思维逻辑方面。因此,不怕花时间,就怕教师偷懒,不愿意动脑筋,不愿意出新招,不愿意将死知识讲活。作为教师行列里的一只"小菜鸟",我认为有效的情境创设是一个好教师必须认真琢磨的一个课题。

(新疆乌鲁木齐市第四十一中学 陈晓芳)

案例32: 热议情境巧搭函数关系

一、设计背景

对于沪教版《数学(八年级第一学期)》函数第一课"函数的概念",其教学目标是:认识数量的意义,知道常用的数量;通过具体实例认识并分清变量和常量,知道用运动、变化的观点看待事物;理解变化过程中的两个变量之间相互依赖的含义,从而理解函数的概念,知道函数的自变量以及函数解析式;通过当前国内外关心的"钓鱼岛争端"为切入口,精心设计情境,激发学生的爱国情怀。

二、设计创意

以整理钓鱼岛的相关材料为载体,激发学生学习兴趣,让他们了解用"量"来具体表达事物的某些特征,帮助他们认识常量、变量以及函数,学会用"数"来表示量的大小,发现两个变量之间存在的互相依赖关系。

三、精彩过程

师:同学们,课前我让你们搜集有关我国钓鱼岛的各方面资料。下面请大家把你知道的情况来做个介绍。

生1:钓鱼岛是中国东海钓鱼列岛的主岛,东西长约3.6公里,南北宽约1.9公里,面积约3.9平方公里,最高海拔约362米。

生2:钓鱼岛及其附属岛屿自古以来就是中国的固有领土,中国对此拥有充分的历史和法律依据。从历史上看,1895年日本趁甲午战争之机,在《马关条约》签订前三个月窃取钓鱼岛,划归冲绳县管辖。1943年12月,《开罗宣言》签订,规定日本归还所窃之中国领土,例如东北三省、台湾、澎湖群岛等。1945年的《波茨坦公告》规定,《开罗宣言》之条件必将实施。同年8月,日本接受《波茨坦公告》,宣布无条件投降,这就意味着日本须将台湾及钓鱼岛归还中国。但是,日本方面无视大量历史事实,竟声称钓鱼岛为日本的"固有领土"。

生3:中国海监执法船在钓鱼岛海域坚持巡航执法;渔政执法船在钓鱼岛海域进行常态化执法,维护该海域正常的渔业生产秩序。中国还通过发布天气和海洋观测预报等,对钓鱼岛及其附近海域实施管理。

师:是的。同学们,你们知道吗?除了刚才三位同学所讲的内容外,从军事地理学角度看,钓鱼列岛有着十分重要,但并不为人所知的军事价值。在我大陆国土的海洋方向,形成一道大陆外缘天然的屏障。这一串岛屿的中段,即我国东海方向的正面,正好是琉球群岛和台湾岛,它们加上日本九州岛使我国东海海区与太平洋分隔。

生4:老师,我现在明白了为什么日本违反《中日和平友好条约》,在钓鱼岛新设置了灯塔。对此,海峡两岸强烈抗议。最近我国香港保钓行动委员会成员搭乘保钓船"启丰二号"前往钓鱼海域。

师:是的,香港"启丰二号"保钓船从香港出发行驶约600海里到达钓鱼岛海域。如果以每小时10海里的速度行进,那么从香港驶向钓鱼岛约几小时可以到达?

生 5：约 6 个小时。

师：如果设船只行进的路程为 S，时间为 t，那么 t 小时后，S 与 t 之间存在什么样的数量关系？

生 6："数量"这个词是什么含义呢？

师：数量是人们在认识和描述某一事物时，经常会用"量"来具体表达事物某些特征（属性），同时用"数"来表明量的大小。数和度量单位合在一起，就是"数量"。在前面的陈述中，你们看到了哪些数量？

生 7：长约 3.6 公里，宽约 1.9 公里，面积约 3.9 平方公里，最高海拔约 362 米，距香港约 600 海里等。

师：前面的量是数值不变的量，叫作常量（或常数）。在问题研究的过程中，可以取不同数值的量叫作变量。那么大家觉得在上面这个问题中，有哪些量是变量？

生 8：路程 S，时间 t。

师：是的，而且路程 S 与时间 t 之间是相互联系的。由 $S=10t$ 可知，S 随着 t 的变化而变化，而且当变量 t 取一个确定的值时，变量 S 的值也随之确定。这时我们就说变量 S 与 t 之间存在确定的依赖关系。通过认清变量和常量，你们发现了什么？

生 9：变化过程中的两个量不是孤立的，其中一个量随着另一个量的变化而变化，它们之间存在确定的依赖关系。

师：对的。在本问题中，变量 S 是变量 t 的函数，t 是自变量，其中 S 随着 t 变化而变化的依赖关系，是由"$S=10t$"表达出来的。这种表达两个变量之间依赖关系的数学式称为函数解析式。那如果 t 是一个变量，那么 $10t$ 也是一个变量。试问，变量 $10t$ 是不是变量 t 的函数？下面小组讨论并交流结果。（抓住函数的概念来辨析。）

组 1：我们小组讨论后的结论是：判断一个变量是不是另一个变量的函数，主要看这两个变量是不是存在着确定的依赖关系。因为变量 $10t$ 随着变量 t 的变化而变化，所以变量 $10t$ 是变量 t 的函数。

组 2：我们小组通过深入认识函数的本质和建立"函数解析式"之间的联系，使用画图的方式，发现两个变量之间存在依赖关系。

……

四、成效评述

通过"钓鱼岛"实例的引入,充分地调动起了同学们的兴趣,落实了教学目标,提高了课堂教学的有效性。

1. "钓鱼岛"激发了学生的学习兴趣。

受时代多元信息、多元文化、多元价值观的影响,现在的学生的知识不断更新,思想日趋多元,个性日益张扬,教师面临的挑战也越来越大。为了迎接新挑战,教师只有与时俱进,及时地将发生在现实中的热点问题融入课堂教学中,跟随时代的脉搏一起跳动,才会让传统的数学课堂焕发出新的魅力。

"钓鱼岛争端"一直是人们所关注的一个热点问题。以整理钓鱼岛的材料为载体,引导学生开展探究学习。学生通过课前搜集的有关钓鱼岛地理位置、面积、周边军事防护等知识,不但扩展了知识面,也激发了学习兴趣。

因为有了课前探究的基础,课堂上学生们思维活跃、畅所欲言,让数学课堂充满了活力与生机。

2. "钓鱼岛"化解了教学难点。

教学难点是指学生不易理解的知识,或不易掌握的技能技巧,通常表现为新授内容与学生已有认知水平之间存在的落差。分析这个落差,搭建合适的台阶,正是教学的艺术性之所在。

这堂课的教学难点是认识并分清变量和常量,知道用运动、变化的观点看待事物,理解变化过程中的两个变量之间相互依赖的含义。同学们通过自己查资料,对钓鱼岛的相关数据和数量进行全面熟悉和掌握;教师通过说理,从语言上充分调动学生的学习积极性,使其认清变量和常量。

小组合作讨论"保钓船"问题,发现变化过程中的 S 和 t 两个量根本不是孤立的,一个量随着另一个量的变化而变化,两个量之间存在确定的依赖关系。

因为有了课上的讨论分析,这节课的难点和重点得以充分化解,起到了事半功倍的效果。

3. "钓鱼岛"培养了学生的家国情怀。

"家国情怀"是一个人对自己国家和人民所表现出来的深情大爱,是对国家富强、人民幸福所展现出来的理想追求,体现了对自己国家的一种高度认同感和归属感、责任感和使命感。习近平总书记在深情阐述"中国梦"时讲道:"国家好,民族好,大家才会好。"这是对"家国情怀"的通俗解读:只有民族复兴、国家富强才能带来人民的幸福,带来每一个人的幸福。

众所周知,无论从历史还是从法理的角度来看,钓鱼岛及其附属岛屿都是中国的固有领土,中国对其拥有无可争辩的主权。而美国与日本私相授受中国领土的行为,是对中国主权的侵犯,我们必须要让学生了解钓鱼岛问题的真相,激发学生的爱国热情,培养学生的家国情怀。

请学生课前搜集有关钓鱼岛的知识,其目的就是希望通过此教学环节,让学生在搜集、整理、阅览这些信息的过程中,懂得一个繁荣强盛的祖国才是本国人民立足世界的强大后盾,而每一个人都得为祖国的繁荣强盛作出自己的努力——有国才有家!国强民才富!

(上海市嘉定区娄塘学校　朱文娟)

案例33: 实物情境转换数学表达

一、设计背景

数学活动教学提倡让学生紧密联系生活实际,从学生的生活经验和已有知识出发,把活动贯穿于教学的整个过程;为学生创设积极活动的情境,使学生主动、积极地动眼、动口、动手、动脑;让学生在情境中,通过观察、操作、思考、探究、交流和运用,逐步形成良好的数学思维方法和运用意识,同时在活动中培养学生主动探究、主动学习的学习方法和思维方式。总之,情境创设的最终目的是让学生在问题情境中主动思考、积极参与,并产生解决问题的欲望。

第一单元中的"分一分"是要求学生把一幅图按一个标准进行分类,而"分彩色图形片"这节课则在此基础上,让学生对同一幅画从不同的角度去分类。通过创设各类不同的情境,让学生明白分类标准不同,分得的结果也不同,但无论怎么分,总数始终不变。

二、设计创意

对于"分彩色图形片"这节课,我通过学生感兴趣的情境——圣诞节拆礼物——引入,激发学生的学习兴趣。之后紧跟问题:"这里有很多的彩色图形片,有多少张彩色图形片呢?"再进一步追问:"你有什么巧妙的方法能知道吗?"引导学生体会在对数量较多的物品进行计数时可以先分类再计数,这样不仅可以知道物品的总数,还可以知道每一类物品的数量,为二年级学习统计打下基础。

在"分铅笔"、"分算式"活动中均让学生以同桌合作、小组合作形式进行交流讨论。让学生把所学的新知运用到生活实践中,使学生觉得学习数学有用,意识到数学与生活有着密切的联系,增进了学生对数学价值和作用的认识,激发了学生学习数学的热情。鼓励学生发表自己的意见,通过学生之间相互补充交流再次加深其理解:在生活中对同一事物可从不同角度进行分类。

三、精彩过程

片段一:

师:圣诞节快到了,瞧!圣诞老人给你们带了一些礼物盒。你们想先开哪一个?

生:哇!盒子里有很多彩色图形片,好漂亮啊!

师:这里有多少张彩色图形片,你们知道吗?(分一分,数一数。)

生1:有20张。

师:你是怎么一下就知道是20个的?你有什么巧妙的方法?

生2:我是一张一张数的。

师:方法可以,但有没有方法能更快更好地数出来呢?我们可以把这些彩色图形片整理一下。现在你们能不能又快又好地数出来呢?

生3:我按颜色先分类,再数。

师:你真棒!已经能够按颜色先分一分再数一数了。今天我们就来学习"分彩色图形片"。

片段二:

师:同学们真聪明,想到先分类再计数的方法,奖励你们再打开一个礼物盒。是什么?

生:哇!都是铅笔。

师:能不能用我们刚才学到的方法再来想一想、分一分、说一说:是按什么分的?分为几类?哪几类?一共有几支铅笔?

(教师让学生拿出任务单,把想到的方法和同桌说一说。)

师:谁愿意来说一说?

生:我是按颜色分的,分为三类,有红的、绿的、蓝的。一共有11支铅笔。

师：那算式呢？

生：4+4+3=11。

师：还有不一样的分法吗？

……

片段三：

师：你们真会开动小脑筋，让我们一起来打开最后一个礼物盒吧！原来里面是算式。这么多算式你们能按一个标准分吗？分完以后请你在小组中说一说你是按什么分的？分为几类？哪几类？

4+2=6	15+3=18	7+6=13
20−4=16	12−5=7	8−2−3=3
3+4+2=9	9−5+6=10	

生1：我是按比10大、比10小来分的，分为两类：一类为比10大的，一类为比10小的。

师：你是按计算结果分类的，小于等于10的为一类，大于10的为一类。还有谁愿意来补充？

生2：我是按加减号分，分为三类：加法为一类，减法为一类，连加连减和加减混合为一类。

师：哦！你是按运算符号分类的。

生3：我是按只有加号或减号和既有加号和减号来分的，分为两类。（师：哪两类？）只有加号或减号的为一类，既有加号和减号的为一类。

师：你是按一步计算和两步计算分类的。

片段四：

（寻找图形宝宝。）

师：大家真厉害，这样的题目也难不倒你们。老师再告诉大家一个小秘密，今天的礼物盒里还藏着一片神秘的图形宝宝。（教师描述特征，学生在图形片中寻找。）

师：想知道它是谁吗？老师给你们一点提示吧，图形宝宝是一片大的。

师：你们知道它是谁吗？看来还不能确定，再给你们一点提示：它还是红色的。猜猜它是谁？

师：还不能确定，那再告诉你们它是圆的。神秘的图形宝宝是谁呀？把它举起来。

四、成效评述

课堂上有效的情境创设是教师与学生之间互动的重要组成部分，可以激发学生的潜能，活跃学生的思维，优化教师与学生之间的关系，使每个学生在情境中都有所思有所行，这样学生的思维能力才能得到有效的发展。在本节课中，学生对拆礼物环节充满期待，他们既好奇盒子里的礼物是什么，又想快点挑战其中的"分类"问题。当盒子里礼物的分类方式越来越多，他们的挑战欲望也越来越强烈！学生的思维打开了，数学学习兴趣浓了，自主探索的愿望有了，就会自觉地去学习，从而能够在知识形成的过程中体会到学习的快乐，提高学习效率。

在教学过程中，创设情境使学生如临其境，如见其人，如闻其声，加强感知，突出体验。同时，教师还要在课堂中作为实施者、组织者、引导者启发、点拨学生，使其变学为思，从而创设一个活力课堂。在数学课堂上，创设一个智慧飞扬的课堂，让学生迸发出创新探索的力量，让学生在愉快的氛围中思考，这是我们数学老师的责任。

（上海市静安区闸北第二中心小学　程　逸）

案例34：音乐情境增进阅读体验

一、设计背景

沪教版《语文（一年级第一学期）》第六单元第三十八课《蝉》的教学目标是：1. 朗读课文，做到不加字、不漏字、不改字；在教师指导下读好蝉说的话，能够读出不同的语气。2. 能在阅读的过程中大体了解故事内容，明白不认真学习是学不到真本领的道理。3. 能听清课文中有关内容,认真倾听同学发言,并用规范的语言把自己的感受表达出来。

二、设计创意

课文中的蝉、黄莺、画眉、云雀都是生活中存在但并不为人们所重点关注的动物,同时课文又与声音息息相关,因此在实际教学中必须要让学生进入到情境状态中去,知道蝉的叫声是怎样的,"歌唱家们"的声音又是怎样的,通过自己的对比(而不是老师的教条式灌输)得出结论,进而认识到蝉不认真学习的行为的错误性。

三、精彩过程

师:大自然中有各种各样的动物,每种动物都有它们自己独特的声音。(播放音频)你们听到了什么?

生:我听到了青蛙和小鸟的声音。

师:(播放音频)这又是什么呢?

生:蝉的声音。

师:关于蝉,你们有哪些了解?

生1:在夏天能看到蝉。

生2:蝉总是趴在树上叫。

……

师:再来听听它的鸣叫声,你有什么感觉?

生:感觉很不好听。

师:(出示句子:蝉一天到晚在大树上叫,它的叫声很不好听。)"很不好听"指的就是蝉的叫声"非常不好听"。这句话中,哪一个词语说明了蝉叫的时间长?

生:一天到晚。

师:(出示句子:几位有名的歌唱家想教给它一些本领。)森林里一些有名的歌唱家,听了蝉如此不好听的叫声,忍不住想教它一些本领。到底是哪些有名的歌唱家想教蝉本领呢?

生:黄莺、画眉、云雀。

师：你能用完整的句式说一说吗？

生：黄莺、画眉和云雀想教蝉本领。

师：黄莺、画眉、云雀都是树林歌唱家。瞧，这就是黄莺，黄莺因全身羽毛金黄而得名，让我们一起听听它的歌声；画眉鸟因眼圈是白色的而得名；云雀别看它个头小小，羽毛的颜色和泥土差不多，可是它的鸣叫声非常清脆悦耳。它们的歌声怎么样？

生：它们的歌声十分好听。

师：怪不得被称为——？

生：有名的歌唱家。

师：歌唱家各自想教蝉本领，它们想教蝉什么本领呢？用直线划出它们说的话。

生1：我教你发音吧。

生2：我教你识谱吧。

生3：我教你唱歌吧。

师：找到了歌唱家们说的话，相信小朋友们一定能把这句话说完整。

生：黄莺想教蝉（发音），画眉想教蝉（识谱），云雀想教蝉（唱歌）。

师：有这么多的歌唱家都想要教蝉本领，那它们究竟是怎么说的呢？谁来读一读它们说的话？

（学生朗读。）

师：三位歌唱家都想教蝉本领，蝉说了一句同样的话，是哪句？

生：蝉说的话是"知了，知了"。

师：这三次的语气是一样的吗？听听课文录音，好好感受一下。

生1：不一样，感觉蝉变得越来越不耐烦了。

生2：不一样，蝉一开始说话还是比较快的，后来语速变慢了。

……

师：老师做蝉，你们做歌唱家们，我们配合着来完成它们的对话。

（学生配合老师进行朗读训练）。

师：听了黄莺、画眉、云雀的话，蝉会想些什么？

生1：听了黄莺、画眉、云雀的话，蝉心里想：我才不要你们教呢。

生2：听了黄莺、画眉、云雀的话，蝉心里想：我的声音是最好听的。

......

师：现在，老师请你们4人一组，分角色读好第2小节，我请认真的小组上来读一读、演一演。（给演出的小组每人分发角色头饰。）

（第一组表演。）

师：谁来做做小老师，点评第一组的表现。

生：知了好像并没有显得不耐烦，三次的语速都差不多。

师：小老师提出了宝贵的意见，哪一组能够在第一组的基础上加以改进，上来演一演？

（第二组表演。）

师：这次蝉的语气有了明显的改进。如果三位"歌唱家"在动作的演绎上能更大胆些，效果会更好。再请一组学生上来试一试，这次台下的"观众"完成旁白部分。

（第三组表演。）

师：在经过几次改进后，"小演员们"的演绎非常不错！你们觉得这只蝉怎么样？学会本领了吗？

生：没有！

师：怪不得课文的一开始说——

生：蝉一天到晚在大树上叫，它的叫声很不好听。

师：那么多有名的"歌唱家"想教蝉学本领，可到现在为止，蝉还是只会"知了，知了"地叫。学了课文，你喜欢这只蝉吗？你想告诉蝉什么？

生1：蝉，我想告诉你，不虚心接受别人的建议是不行的。

生2：蝉，我想告诉你，如果不好好学习，你的声音永远都是那么难听。

师：这堂课，我们学习了一个有趣的故事。三位"歌唱家"（指板书）——黄莺、画眉、云雀——分别想要教蝉发音、识谱、唱歌的本领，但蝉却总是回答"知了，知了"。结果它一辈子只会"知了，知了"地叫。我们千万不能学蝉，一定要认真学本领。

四、成效评述

通过倾听与演绎的方式，本节课的教学目标得到了比较明显的落实。

首先，蝉与三位"歌唱家"的对话，看似三次回答的内容相同，实则体现了蝉不同的心境与语气。这是学习中的难点，若要有所突破，需要结合学生的倾听进行引导与练习。第一层是听课文录音,教师不直接点破蝉的语气究竟有何变化,只是让学生感受,在学生回答的过程中能够得到蝉有些不耐烦这样的答案即可。第二层则是通过演绎练习,进行实际的对话。由教师扮演蝉的角色,在朗读过程中以较为夸张的、由快到慢的速度将三次"知了,知了"读出,学生一听就明白应该如何处理蝉说的话了。

其次,本节课渗透着对蝉的学习,扩大了学生的知识面;同时,通过听各种动物声音的方式,激发了学生的学习兴趣。作为课文的主角,蝉的声音出现了两次:第一次是将蝉引出,第二次则是让学生对蝉的"很不好听"的声音有深刻印象。如果说蝉的声音在夏天能经常听到的话,那黄莺、画眉、云雀的声音就比较少听到了,而它们又是作为声音好听的"歌唱家们"出现的,因此务必要简单介绍黄莺、画眉、云雀三种鸟的习性和叫声,使科普知识的传授与文本学习融合一体。这样设计的原因之一是从学生已有的知识结构出发,简介黄莺、画眉、云雀三种鸟的习性和叫声以弥补学生知识点上的空白;二是从课文学习的需要出发,只有充分感知黄莺、画眉、云雀歌声的优美,才能使学生体会到为什么称它们为"歌唱家",从而帮助学生理解蝉学本领时不认真的态度是错误的。

最后,通过演绎,将课文中重要内容以学生喜爱的形式呈现。此环节旨在通过演一演的形式寓教于乐,使学生更好地领悟课文中的角色,因此不能只是流于形式,为了演而演。为了加强演绎的真实感,第一步是加上头饰,第二步是加上动作。在演绎完毕后进行现场点评,使观众参与进来,而不是将台上与台下孤立开来。

在准备这堂课的过程中,我深刻地意识到情境的创设是为了更好地服务于课文教学,它不能超脱于课文,也不能与课文孤立。倘若为了追求教学的方便,又或是单纯地想让课堂增添亮点,这样的情境创设是无法深入的,学生自始至终都觉得像在做游戏。课堂应当是在激发学生热情、兴趣的基础上使之扎实地学习。

(上海市嘉定区普通小学　顾秋阳)

案例 35: 游览情境串联语言表达

一、设计背景

"Signs we follow"是牛津上海版《英语(五年级第二学期)》第三模块第一单元"Signs"的第三

课时。其教学目标是：让学生能在语境中，用英语描述所看到的或要遵守的标志名称、含义及要遵守的原因；描述或表达过程中语言通顺、语音正确、结构完整；并能通过学习，进一步体会到只有人人遵守规则，遵守社会公德，生活才会更美好，社会才能更和谐。

二、设计创意

嘉定，一个古老而美丽的名字，有着千年的文化底蕴，素有"教化嘉定"的美誉。每一个嘉定人都在这浓厚的"崇文重教"的氛围中，享受着和谐而美好的生活。作为一名英语教师，我通过创设学生熟悉的场景作为语用情境，让他们在学习英语的同时，接受文明礼仪的熏陶，从小培养良好的行为习惯，做一个爱家乡的、文明的小公民。让学生在学习的过程中明白我们遵守标志就是为了更幸福美好的生活，更是我这节课的目标。

三、精彩过程

1. T：We live in Jiading，it's an old and beautiful city with a long history. Now let's enjoy the beautiful Jiading together.

（通过视频创设的情境，引导学生真实地感受美丽的嘉定，初步感知 follow the signs 的内在含义。巩固第一、二课时内容，并为本课时的话题作铺垫。）

2. T：What nice places are there near our school?

S1：Fahua Tower.

S2：Bole Square.

S3：Huilongtan Park.

S4：Jiading Museum.

S5：Zhouqiao Old Street.

T：Wow，so many nice places. Look，Jiading Museum is the nearest. Do you want to visit it?

图1　各景点的地理位置

Ss: Yes.

(通过地图创设参观学校周围著名景点的情境，并巧妙地引出本课时的语用地点——Jiading Museum。)

3. T: Before we visit the museum, the guide wants to tell us some signs in the museum, let's follow the guide.

T: What signs can you see? What do they say?

S1: I can see a sign. It says "Be quiet".

S2: I can see a sign. It says "Queue here".

S3: I can see a sign. It says "Don't litter".

(通过观看视频，聆听导游的介绍创设参观嘉定博物馆的情境，初步了解嘉定博物馆中要遵守的标志，并通过师生问答的方式呈现文本中的三个标志。)

4. T: Please discuss with your partner, What do these signs mean, and why should we follow the signs?

(Discuss...)

e.g.,

S1: What signs can you see?

S2: I can see a sign. It says "Be quiet".

S1: What does this sign mean?

S2: It means we shouldn't talk loudly here. We should follow the sign.

S1: Why?

S2: Because we can hear the guide clearly.

(在听完导游介绍后，创设生生讨论的情境，以递进的形式分段呈现三个小文本，通过模仿导游、师生问答、生生讨论的形式，学习遵守规则的理由，让学生在学习的过程中慢慢感知并内化。)

5. T: In Jiading, there are so many nice places, do you want to visit them?

Ss: Yes, we do.

T: You can make a group, and choose one place to visit. When you visit them, please don't forget to follow the signs. And then please give us a report about what signs have you seen, what do they mean, and why should we follow them.

（Group work.）

e. g.，

Group1：

Ss：Look, this is Huilongtan Park.

S1：I can see a sign. It says "Don't pick the flowers". It means we shouldn't pick the flowers. We should follow the sign, and keep the park beautiful.

S2：I can see a sign. It says "Don't litter". It means we shouldn't throw the rubbish here. We should follow the sign, and keep the park clean.

S3：I can see a sign. It says " It's dangerous". It means we shouldn't play near the pond. We should follow the sign. It's too dangerous.

Ss：Let's follow the signs together and have a good time.

（教师通过多媒体，提供场景图片及各种标志图片，创设小分队游嘉定的情境。学生通过欣赏嘉定的美景，进一步感知我们要遵守规则、爱护美丽家园的行为方式。通过小组活动谈论在不同的地方要遵守的规则，并通过小组汇报、个人汇报的形式进行最终的语用输出。）

四、成效评述

通过多媒体渲染气氛，激发学生对家乡悠久历史文化的热爱，树立成就感和自信心；通过团队合作，养成乐于与他人合作、和谐、健康、向上的品格，提高人文素养；增强实践能力，培养观察、记忆、思维、想象等方面的能力和创新精神。

在情境创设时，我们从嘉定博物馆扩展到学校附近我们熟知又具有嘉定特色的著名景点，如法华塔、孔庙、伯乐广场、州桥老街等。学生在语用环节有了更多自主的选择，根据板书结构，以小组活动的形式，对一个或者多个标志进行介绍，让学生深刻感受标志在我们生活中的价值和遵守规则的意义，将主题"Follow the signs, enjoy the life"内化为自己的行为准则。这样一来，既复习了前两课时的学习重点，又使学生的语言运用能力得到充分的发展，较好地达成了语用和情感目标。

本课时的特点是：不论是话题确立、目标设定、内容学习、过程体验、语用输出，都环环相扣，体现育人的主题，即"Follow the signs, enjoy the life"！

第一，以生为本，贴近生活。为了使教学更贴近学生的生活，我们进行了基于主题和目标的话题确定。嘉定博物馆、法华塔、汇龙潭等都是学生熟悉的场所，因此我们从这些场所出发，以学生为本，让学生有话可说，从而产生情感共鸣。

第二，内容整合，有情有义。为了使我们的文本内容更突出话题，我们进行了基于主题、目标、话题的内容设定，选取了嘉定博物馆这个最能凸显"教化嘉定"文化底蕴的场所，再构建了以 places、signs、meanings、reasons 为语义核心的 100 字左右的主体学习文本，凸显语义和情感。

第三，语义表达，语用输出。为了更好地达成我们本课时的语用输出目标，我们设计了基于目标、话题和内容的过程体验。从整体感知到信息提炼到语用输出，整个学习过程是循序渐进、层层递进的，充分关注学生的语意表达。最终学生能够从 places、signs、meanings、reasons 几个方面比较完整地描述"Signs we follow"，并体会到遵守 signs 的深层含义，即从我做起，让我们的生活更美好。

围绕着"以每个孩子发展为本"的核心理念，遵循着应用性阅读教学的理论原则，我们让孩子们在学习语言的过程中，得到了情感的体验和思想的升华。在润物无声中使他们真正地感悟到只有从我做起，人人遵守身边的规则，才能让我们的生活更和谐、更美好；只有 follow the signs，才能 enjoy the life！

本节课经过多次研讨、修改，最终喜获"2013 上海小学英语课堂教学与教师发展观摩研讨活动"一等奖。

上海市英语特级教师、市教委教研室英语教研员朱浦老师点评道：执教教师比较巧妙地创设学生所在区域的博物馆等情境，通过三个主要 signs 的输入带动了语言学习。学科育人体现在无声的板书中，为什么我们不能大声说话，原因是 hear the guide clearly；为什么我们必须遵守秩序，原因是 see the pictures clearly；为什么不能乱扔垃圾，原因是 keep the museum clean。可见，语言的输入必须是可理解的内容输入，源于生活，回归生活，由此带动真正的语言训练，不露痕迹地实现学科的育人价值。

（上海市嘉定区普通小学　王卡娜）

案例 36：事例情境辅助概念理解

一、设计背景

"平均数"是沪教版《数学（五年级第一学期）》第三单元"统计"中的内容。"统计与概率"是小学阶段一个重要的学习领域,强调要培养学生从统计角度思考问题的意识,体现统计的广泛应用。本节课的教学内容是"平均数的认识",是在学生学习了简单统计图和统计表的基础上进行的,是学习选择统计量描述数据特征知识的开始,也为今后进一步学习统计知识打下基础。平均数是常用的统计量,教授平均数的目的不限于求平均数,更在于用平均数进行比较,用平均数描述、分析一组数据的状况特征。

二、设计创意

对于平均数,学生并不陌生,已经在生活中积累了一定的经验。例如:平均分等。但对于其真正含义、在统计中的作用以及计算方法,学生却并不明白,所以应着重让学生理解平均数的意义,这样他们才能在实际生活中进行灵活运用。以往在课堂上教师重视的是让学生学会求平均数的方法,往往忽略学生对平均数意义概念的理解:为什么要学习平均数?它是怎么产生的?它有什么特点和作用?生活中什么地方要用平均数?因此,本节课的重点是通过各种生活中的情境来促使学生感悟平均数的概念,加深对平均数意义的理解,并在理解意义的过程中发现并学会求平均数的方法。

三、精彩过程

师:甲乙两队各推选一名最有实力的代表进行比赛,哪一队的拍球技术高?(如表1—2)

表1 甲队小红1分钟拍球成绩统计

甲队	小红
单位(个)	50

表2 乙队小亚1分钟拍球成绩统计

乙队	小亚
单位(个)	47

生:甲队。

师:为什么呀?

生:因为小红1分钟拍的个数比小亚多。

师:用小红一个人的水平代表全队的实力,如果你们是乙队的队员,你们服气吗?

生：不服气。

师：那该怎么办呢？

（学生抢着回答。）

师：对的，一个人代表不了整体的水平，因此要再多派几个人。（如表3—4）

表3　甲队3名队员1分钟拍球成绩

甲队	小红	小亮	小李
单位(个)	50	40	36

表4　乙队3名队员1分钟拍球成绩

乙队	小亚	小胖	小巧
单位(个)	46	43	28

师：现在是哪一队的拍球水平高？为什么？（同桌讨论。）

生：还是甲队。甲队一共拍了126个，乙队一个共拍了117个。

师：乙队还是输了，胡老师要帮帮乙队，我也加入了乙队一同比赛。（如表5）

表5　乙队4名队员1分钟拍球成绩

乙队	小亚	小胖	小巧	胡老师
单位(个)	46	43	28	39

师：现在是哪一队的拍球水平高？你是怎么想的？

生：乙队拍球水平高，因为乙队拍球总数多。

师：有不同意见吗？

生：每一队人数不同，比总数不公平。

师：看来在人数不相等时，比较拍球的总数是不公平的。那怎么才能知道哪组水平高呢？

生：计算出每个人平均拍几个。

（教师板书：126÷3＝42(个)　156÷4＝39(个)。）

师：现在你们得出结论了吗？

生：甲队水平高。

师：当人数相同时，我们可以直接求出总数进行比较；当人数不同时，则需要求出平均每人拍球的个数后再进行比较。

……

师：接下来我们运用今天所学的知识解决一些实际问题。

问题1：

师：冬冬来到一个池塘边。低头一看，发现了什么？

生：平均水深120厘米。

师：冬冬心想，这也太浅了，我的身高是145厘米，下水游泳一定没危险。你们觉得冬冬的想法对吗？

生：不对！

师：怎么不对？冬冬的身高不是已经超过平均水深了吗？

生：平均水深120厘米，并不是说池塘里每一处水深都是120厘米。可能有的地方比较浅，只有几十厘米；而有的地方比较深，比如150厘米。所以，冬冬下水游泳可能会有危险。

问题2：

师：四(1)班男生的平均身高比女生矮，女生王婧一定比男生张亮高。

生：平均数代表一组数值的平均水平，并不能代表某一个个体的情况。不能用平均身高去判断这两个人谁高谁矮。

问题3：

师：校篮球队同学平均身高160厘米，李强是学校篮球队队员，他身高155厘米，可能吗？学校篮球队可能有身高超过160厘米的队员吗？

生：都有可能。平均身高160厘米，说明可能有的同学超过160厘米，可能有的同学身高不到160厘米。

问题4：

师：阳光公司因业务需要，发了一份招聘启事：现招聘数名业务员，月平均工资4 000元，欢迎有意者前来应聘。小海应聘成功。一个月以后，小海领到了3 600元的工资。他认为公司欺骗了他，要去法院告阳光公司。你认为小海可以打赢这场官司吗？为什么？

生：平均工资4 000元是一个虚拟值,可能比4 000多,也可能比4 000少。

问题5：

师：操场上有4个人在打篮球,这4个人的平均年龄是16岁。猜测一下,你觉得是哪些人在打篮球？（同桌讨论,写出4人的年龄。）

生1：16,18,17,13。

生2：7,7,7,43。

师：对于这两位同学猜测的年龄,你们有什么想说的吗？

生："7,7,7,43"中虽然有一个较大的数据,但平均年龄算下来还是16岁。

师：有时,加入一个过大或者过小的数据,都会对平均数产生影响,所以在某些比赛中,会去掉一个最高分、一个最低分后再计算平均成绩,这样才更具科学性。

四、成效评述

整堂课通过许多生活中的情境,给予了学生充分感悟平均数概念的机会。从学生的讨论回答中可以看到,本节课的教学目标得到了较明显的落实。

1. 从学生内需出发,感受平均数的产生需要。

在新知探究中,我利用学生熟悉的生活情境引入。学生认识到以某一个人的拍球个数不足以代表全队水平,会以偏概全,需要多一些数据来作比较。通过不断变化的情境,引发学生思考：当人数相同时,可以直接求出总数进行比较；但当人数不同时,还能用总数进行比较吗？学生想到需要求出平均每人拍球的个数再进行比较,由此产生对平均数的强烈需求。通过计算平均每人拍球的个数,引出平均数的概念,并概括出平均数的一般计算方法。学生经历了平均数产生的过程,自然而然地理解了平均数的本质意义,学会了求平均数的方法。

2. 解读数据,理解平均数的意义与特点。

学生利用已有情境,通过分析情境中求出的平均数以及其他数据,得出平均数是一个虚拟的数,平均数并不能代表这组数据中的任何一个数值。联系平均数在生活中的应用,学生加深了对平均数的理解,并明白平均数的大小在一组数据的最大值与最小值之间。

3. 利用不同的生活情境,巩固对平均数的理解。

过去的课是在规律出来以后就开始利用规律反复操练求平均数的各类题目,而本节课没有过多笔头形式的操练与应用,而是通过大量的生活例子,让学生在自主解决这些实际问题的过程中进一步感受平均数在生活中的作用,体验利用数学思维解决实际问题的乐趣。

在课堂教学中,为了能充分调动学生们的积极性以及学习兴趣,往往会通过一些具体情境实施教学。而作为有效情境来说,单单是引起兴趣已经不能满足现在的课堂教学需求。作为教师,我们的教育观念在发生巨大的改变,不再是灌输学生知识,而是需要学生自己发现问题,在解决问题的过程中产生学习的需求,这样的学习模式才能可持续发展。这一节课正是利用生活情境,使学生在解决问题的过程中形成一种内需,而不是由老师直接灌输概念。有了这种内需,学生才能更投入地学习,在经历平均数产生的过程中感悟平均数的基本概念。

(上海市普陀区洵阳路小学　胡嘉倩)

案例37: 数字情境换用英语表达

一、设计背景

本课为新世纪版《英语(六年级第二学期)》Unit4 Lesson2 "Maths in English"的第一教时。其教学目标是:通过本课的学习,帮助学生学会用英语表达"加、减、乘、除和等于"这一系列数学符号以及数学等式;利用所学知识解决较为简单的生活中的数学应用题,从而让学生对用英语学数学产生更为浓厚的兴趣。

二、设计创意

六年级的孩子天性活泼,他们乐于参与、乐于表现,更喜欢民主和谐、轻松活跃的英语课堂。而趣味小游戏和丰富多彩的课堂活动能让课堂活起来,使学生们在学中玩,在玩中学。在这样的课堂氛围中,学生拥有更多的展示机会,既可以快乐地学习,体验成功的喜悦,也容易迸发更多思维的火花。因此,本课设计的目的在于通过课堂中的数字游戏和活动环节来使课堂达到预期的效果,让学生真正地学以致用。

三、精彩过程

片段1:玩转数字,引入主题

(教师通过PPT呈现一组看似并无关联的数字,如图1。)

T: Please look at the picture. What can you see in the picture?

Ss: We can see a lot of numbers.

T: Do you know how to read them in English?

Ss: Yes, we can.

T: Let's read them together.

Ss: Zero, one, seven… sixty.

T: OK. Good job. You are very familiar with the numbers.

（播放数字动画，数字开始打乱顺序，重新组合，屏幕上又呈现一组数字，如图2。）

T: Now, what can you see?

S: It is Miss Gao's telephone number.

T: Oh! I'm so excited that so many students know it's my telephone number. Can you read it in English?

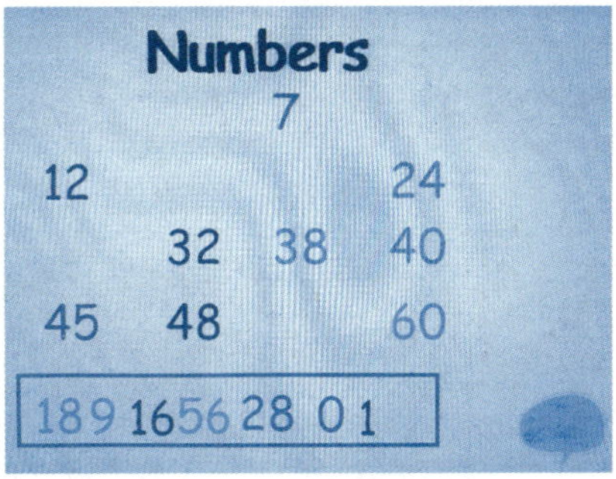

Ss: One eight nine one six five six two eight zero one.

T: Very good. Numbers are everywhere in our life. They are useful and important. But do you know in which subject we always use a lot of numbers?

S: Maths.

T: Yes, you are right. Today we will have a new lesson "Maths in English". I'm sure you will learn a lot and enjoy our class.

（正式开始新课的授课过程。）

图1 一组数字

图2 一组新数字

片段 2：玩转符号，强化词汇

(已学习了＋(plus)，－(minus)，×(times)，÷(divided by)和＝(equal)这 5 个符号的新单词。)

T：After learning the five symbols, let's do some practice to help us remember them easily. Please look at the picture and try to fill in the blanks with the right symbols and read the sum in English.

(教师用 PPT 呈现一组算式，如图 3。)

4 ___ 8＝12	8 ___ 2＝4
3 ___ 5＝15	18 ___ 15＝3
4 ___ 10＝40	5＋7 ___ 12
12 ___ 2＝24	100 ___ 25＝4

图 3　算式填空

S1：Four plus eight equals twelve.

S2：Eight divided by two equals four.

S3：Three times five equals fifteen.

S4：Eighteen minus fifteen equals three.

S5：Four times ten equals forty.

S6：Five plus seven equals twelve.

S7：Twelve times two equals twenty-four.

S8：One hundred divided by twenty-five equals four.

T：All of your answers are correct. That's very good. You are so clever! I'm really proud of you.

(借助道具——符号卡片来帮助学生操练符号的灵活运用及句式的表达，如图 4。)

T：Look at this sum. If I put different symbol cards here, we will get different answers. For example, if I use "＋" here, what's the answer?

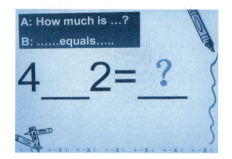

图 4　用符号卡片来练习

Ss: Six.

T: How much is four plus two?

S: Four plus two equals six.

T: How much is four minus two?

S: Four minus two equals two.

T: How much is four times two?

S: Four times two equals eight.

T: How much is four divided by two?

S: Four divided by two equals two.

T: Excellent. Now, please work in pairs, ask and answer the following two sums, you can choose any one as you like, try to use different symbols. I'll give you one minute to prepare.

(学生按照指令开始 pair work(如图5),时长一分钟,两人一组展示。)

T: Time is up. It's your show time now. Please be active.

{S1: How much is six plus three?
 S2: Six plus three equals nine.

{S3: How much is six minus three?
 S4: Six minus three equals three.

{S5: How much is six times three?
 S6: Six times three equals eighteen.

{S7: How much is six divided by three?
 S8: Six divided by three equals two.

T: You did a very good job. Congratulations.

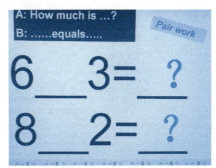

图5　学生用符号卡片来练习

片段3：玩转游戏,熟能生巧

(进行计算"24点"小游戏,以帮助学生巩固前面所学内容,进一步熟练灵活使用 plus、

minus、times、divided by、equal 这些单词,并拓展了学生思维。)

T: Next, we will play an interesting game. Have you played the game "24 points"?

Ss: Yes.

T: Before playing the game, I will tell you some rules. First, you can only use English. Second, you must use 3 sums to get 24. Third, you must listen to other's answers carefully, and your answer must be different from others. Fourth, you should tell the answer as quickly as possible. I will give you an example first.

(2, 5, 8, 9)

$\begin{cases} \text{Two plus five equals seven.} \ (2+5=7) \\ \text{Eight plus nine equals seventeen.} \ (8+9=17) \\ \text{Seven plus seventeen equals twenty-four.} \ (7+17=24) \end{cases}$

Do you understand how to play the game now?

Ss: Yes.

T: OK. Let's begin!

Round One: The numbers are 5, 5, 7, 7. How to get 24?

S1: $\begin{cases} \text{Five plus five equals ten.} \ (5+5=10) \\ \text{Seven plus seven equals fourteen.} \ (7+7=14) \\ \text{Ten plus fourteen equals twenty-four.} \ (10+14=24) \end{cases}$

T: Congratulations! Any different ideas?

S2: $\begin{cases} \text{Five plus seven equals twelve.} \ (5+7=12) \\ \text{Five plus seven equals twelve.} \ (5+7+12) \\ \text{Twelve plus twelve equals twenty-four.} \ (12+12=24) \end{cases}$

T: You are right. Come on. Who wants to have a try?

S3: $\begin{cases} \text{Five times five equals twenty-five.} \ (5\times5=25) \\ \text{Seven divided by seven equals one.} \ (7\div7=1) \\ \text{Twenty-five minus one equals twenty-four.} \ (25-1=24) \end{cases}$

T: Round Two: The numbers are 2, 6, 8, 10. How to get 24?

……

片段 4：玩转题目，学以致用

T: I have some math problems, I don't know how to solve them. Could you help me?

Ss: Sure.

T: 1. Mary is 12 years old. Her brother is twice her age. How old is Mary's brother?

S: 24.

T: How do you know Mary's brother is 24? How do you get the answer?

S: Twelve times two equals twenty-four.

T: Exactly! 2. Xiao Ming wants to buy 2 hamburgers and a small cola for lunch. The hamburger is 10 yuan each, the small cola is 8 yuan. How much will he pay?

S: 28. Two times ten equals twenty. Twenty plus eight equals twenty-eight.

T: Yes, that's right. 3. There are 36 students in the classroom. Half of the students are boys. How many boys are there in the classroom?

S: 18. Thirty-six divided by two equals eighteen.

...

T: You really did a good job today. Thank you very much!

四、成效评述

整体而言，这是一堂设计巧妙、精彩纷呈的英语课。整堂课的设计以新的课程理念为指导，充分考虑了六年级学生的年龄特点。课堂轻松活泼、务实高效，具有以下亮点：

第一，本课的教学目标设计得非常具体明确，重难点突出。课堂活动的设计也是紧紧围绕着教学目标而展开的，由易到难、层层递进、环环相扣、相辅相成。

第二，课堂教学活动丰富多彩，训练方式多样，在活动中突破难点，在活动中发展能力。为了巩固本课的内容，我精心设计了多个活动，这些活动不但使学生单词、句型的操练面广，练习次数多，而且还调动了每一个学生的参与热情。将热闹的形式与有效的语言实践有机结合起来，很好地完成了本课教学目标的预设。计算"24点"小游戏的环节也为整堂课教学目标的达成起到了推动作用，让整堂课达到了最佳境界。学生计算"24点"需要用到加、减、乘、除、等于这些符号，既增加了学生的广泛参与度，巩固了前面所学内容，还拓展了学生思维，真正地将英语学科和数学学科结合在了一起。

第三,分小组进行数学应用题竞赛,既是对前面活动的补充,又是整堂课的一个升华部分。其目的是通过小组智慧计算出英语版本应用题的答案,并说出每步解题过程。这既能检验这节课的教学成果,也能够为下节课的学习打下基础。题目由易到难,呈梯度上升,与学生的生活息息相关,又不失乐趣,很好地考察了学生对于所学知识的应用。事实证明,这个环节非常受学生欢迎,原来枯燥的应用题也能学得轻松愉快,趣味盎然。

综上所述,通过精心设计及课堂上师生的有效互动,我实现了让学生在玩中学、在学中玩,用英语玩转数学,以数学思维促英语表达,学以致用的双赢效果。

(上海市曹杨二中附属江桥实验中学　高　蕾)

案例38: 材料情境还原历史真相

一、设计背景

执教内容是华东师大版《历史(七年级下)》第四单元"抗日战争与民族解放"第一课"空前的民族危机"。其教学目标是:在了解西安事变等史实的基础上,使学生学会辨析报纸、档案等史料的价值,初步学会从当时复杂的历史背景中进行思考,从宏观角度去看待历史事件;感受国难当头,国共两党从民族利益出发,摈弃前嫌再度合作所展现出的民族凝聚力。

二、设计创意

通过架构起史料与证据、史实与史论间的逻辑关联,依据史料最大限度地还原西安事变后的历史场景,帮助学生触摸真实的历史,从宏观角度去看待历史的复杂性,感受危难时刻,中华民族积聚起的巨大民族凝聚力。

三、精彩过程

　　师:张学良、杨虎城发动西安事变,他们的目的是什么?
　　生:逼蒋介石抗日。

师：现在蒋介石抓住了，该怎么处置他呢？当时出现了各种不同的声音。

（出示材料。）

> 在西安事变发生后，中共中央反应迅即，第二天就对西安事变召开会议。会议提出"罢免蒋介石，交人民公审"。
>
> ——12月13日，中央政治局会议对西安事变进行讨论

师：中共方面大多数人的态度是什么？

生：交人民审判。

师：按蒋介石之前的所作所为，交人民公审的结果可能是什么？

生：被杀。

师：那我们看看国民党的意见。

（出示材料。）

> （亲日派）劫持统帅，为国法所不容，如不立即明令讨伐，则国将不国。
>
> ——国民政府秘书处档案

师：亲日派提出讨伐谁？

生：张学良他们。

师：他们提出用飞机轰炸西安，可炸弹不长眼，在轰炸中也可能将蒋介石炸死。

（出示材料。）

> （亲英美派）为了救中国，我不得不吁请诸位，妥善寻找和平解决的途径。
>
> ——宋美龄在国民党中央常委会中发言（《蒋委员长西安半月记　蒋夫人西安事变回忆录》）

师：亲英美派认为如何解决西安事变？

生：和平解决。

师：当然，他们有一个冠冕堂皇的理由，那就是救中国，但当时他们的当务之急是，通过

和平解决以保存蒋介石的性命。

师：(总结)以上这些对蒋介石的不同处置的声音，掺杂了各方对蒋介石所作所为的复杂情感，是西安事变发生初期不同阶层对蒋介石个人态度的反映。

师：然而，大家想想，如果蒋介石死了，群龙无首，就可能出现内战，对谁有利？

生：日本，日本可以趁此机会，占领中国。

师：说得好！随着事态的发展，理性的声音逐渐出现。我们透过当时的报纸来了解一下社会舆论。

（出示材料。）

> 1936年12月15日，在全国新闻界执牛耳的《大公报》呼吁各方不要诉诸武力，否则"玉石俱焚，同归于尽，国家大局将陷于坐守宰割之境也"。

师：从报纸看，该文作者希望如何解决此事？

生：和平解决。

师：除了《大公报》密切关注态势的发展，由海外华侨创办的《救国时报》也实时发表了对此事的关注。

（出示材料。）

> 无论如何，要在团结救亡的基础上来使西安事变达到和平解决。
> ——1936年12月15日《救国时报》

师：《救国时报》对此事的态度是？

生：和平解决。

师：渐渐地，在民族矛盾上升为主要矛盾的情况下，不同的声音汇集成共同的声音，就是和平解决。为了解决西安事变这个问题，12月17日，毛泽东等中央领导为以周恩来为首的中共代表团送行前往西安。毛泽东对周恩来叮嘱道："恩来同志，全世界、全中国这时候都看着西安。西安很复杂，大政方针虽然确定，具体情况由你们处理。"那中国共产党的政策是什么呢？

（出示材料。）

> 杀,是下策;不杀不放,是中策;放,才是上策。
> ——12月19日中共中央干部会之毛泽东发言

师:共产党最后的选择是?

生:放。

师:中共解决这个事情的最终目的是什么?

生:联蒋抗日。

师:在各方的努力之下,12月24日,周恩来与蒋介石进行了会谈。会谈之后,蒋介石以领袖人格保证,在其活着时不再发动内战,接受联共抗日主张。

师:(总结)西安事变的和平解决,标志着十年内战基本结束,抗日民族统一战线初步形成。在此之际,日本将侵略的魔爪深入华北。日军调动其国内所能调动的全部兵力,向北平、天津进行大规模进攻,发动全面侵华战争。7月16日,蒋介石亲自写了关于卢沟桥事件的宣言稿,第二天发表了"庐山讲话"。

(出示材料。)

> 如果战端一开,那就是地无分南北,年无分老幼,无论何人,皆有守土抗战之责任,皆应抱定牺牲一切之决心。
> ——1937年7月17日蒋介石庐山讲话

师:针对日本的侵略,蒋介石提出全民族都要抗战,号召全国人民团结起来,铸成坚固的长城抵抗日本,中国由局部抗战阶段进入全面抗战阶段。庐山会议后,蒋介石同意红军改编为国民革命军第八路军,中共第二次合作,抗日民族统一战线正式建立。从此,全民族的抗战拉开了序幕。在空前的危机中出现了转机,大家认为促成从局部抗战到全面抗战转变的关键是什么?

生:西安事变的和平解决。

师:(组织讨论)西安事变的和平解决促使抗日民族统一战线初步形成,从初步形成到最后全民族抗战这个局面的形成是由哪些因素造成的呢?大家可以根据老师前面讲的史实进行讨论、思考。

生：日本的步步紧逼，民族危机的空前深重；社会各界的推动，尤其是百姓的愿望。无论是共产党还是国民党都从民族利益出发，在空前严重的民族危机面前，携起手来，共赴国难。

师：从"九一八"到"七七"事变，中华民族面临空前的民族危机。在危难面前，社会各界的抗日要求高涨。国共两党再度合作，团结一致，共同御敌，建立了前所未有的抗日民族统一战线，展现了中华民族巨大的向心力和凝聚力，这背后是爱国情感的迸发，也是全民族抗战的动力之源。正如《抗敌歌》所唱："四万万同胞……群策群力团结牢，拼将头颅为国抛！"无论如何艰苦，有了全民族的团结，相信胜利终将会到来。让我们再次齐诵《抗敌歌》，透过歌词，再次感受在巨大的危难面前，中华民族的巨大凝聚力。（出示歌词：中华锦绣江山谁是主人翁，我们四万万同胞！文化疆土被焚焦，须奋起大众合力将国保！血正沸，气正豪，仇不报，恨不消！群策群力团结牢，拼将头颅为国抛，拼将头颅为国抛！）

四、成效评述

通过运用多样史料（档案、报纸、口述史等）还原历史场景，本节课的教学目标得到了比较好的落实。

首先，教师通过报纸、口述史、档案文献等史料帮助学生"看见"历史，在史料的分析中"触摸"历史，在各种史料的逻辑推断中"深入"历史。在这过程中，对于史料的细节、提问层层铺垫，将情感目标与知识内容有机整合，帮助学生树立一种证据意识，掌握一种技能（从报纸、档案等史料中提取信息，习得西安事变相关史实）。透过西安事变和平解决、国共第二次携手的曲折过程，学生感受到历史是复杂的，不是简单的因果关系，需要层层剥离，步步接近历史事实，从而站在时代的背景中，客观地理解历史的抉择。

其次，情感的内容是隐含在一些史实、结论中的，学生不一定能清楚地感受到，所以依据本课内容设置相应的德育"学材"，使学生最大限度地身处历史场景中，并通过一个个场景，自然而然地理解了西安事变后各方的态度及中共的选择，推断出他们行为背后的巨大推动力是空前深重的民族危机，并深深地体会到危机背后折射出的精神风貌——巨大的民族凝聚力。

综上所述，我深刻地认识到，作为历史教师，要注重运用科学、典型、生动、形象、富有细节又详略得当的史料，让学生神入到历史场景中，激发学生对于历史的感受；在探寻历史本原的过程中培养学生的求真意识，更给他们一种精神和情绪上的感染，从而真正地将我们的情感目标融入学生的心灵。

（上海市嘉定区曹杨二中附属江桥实验中学　唐　维）

案例39: 诗意情境助兴乐曲鉴赏

一、设计背景

根据全国大中小学生中国优秀传统文化教育学段重点内容及教育水平描述,初中阶段以认同为重点,形成中华文化的认同感、归属感和自豪感。通过少儿版《音乐(七年级下册)》第五课"走向世界的中国牧童"的学习,旨在让学生感受《牧童短笛》所体现出的悠然恬静、欢乐自由的意境,了解民族特有的创作手法(五声性旋法、鱼咬尾等),能够喜爱中国的钢琴作品,感悟中国钢琴作品在世界舞台上展露的锋芒,并产生强烈的民族自豪感。

二、设计创意

"走向世界的中国牧童"一课主要学习的是贺绿汀的钢琴作品《牧童短笛》,通过自始至终的"牧童"情境的创意设计,层层深入,不断延伸牧童的含义,由对作品本身的认同升华为对中国钢琴作曲家、中国钢琴演奏家、中国钢琴作品甚至是中华民族的精神的认同,更好地深化主题,从而凸显教学效果。

三、精彩过程

环节一:诗情画意识"牧童"

师:同学们,今天老师给大家带来了两幅画和一首钢琴作品,请同学们边听边思考,哪幅画更能表现音乐的意境?说说你的理由。

(教师展示图画(如图1),并现场演奏《牧童短笛》。)

图1 油画和水墨画

生1：老师，我觉得是第二幅。因为从老师的演奏中我感觉这是首中国作品，而第二幅正是我们中国的水墨画。

生2：老师，我也觉得是第二幅。我是从色彩角度上来考虑的，老师只运用了钢琴演奏，而第一幅画的色彩运用比较多，像是多种乐器演奏的交响乐。

师：老师和同学们的感受是一样的，这段音乐犹如一幅淡淡的水墨画呈现在了我们眼前。这首钢琴曲名为《牧童短笛》，在你们的心目中，牧童是什么样的？

生3：自由、天真的。

生4：穿着小背心，骑在牛背上，悠闲自在的。

师：唐朝的吕岩有一首诗就叫作《牧童》，（配乐诵读）"草铺横野六七里，笛弄晚风三四声。归来饱饭黄昏后，不脱蓑衣卧月明。"从这首诗中我们看到了牧童生活的恬静与悠然自得。其实呀，这首《牧童短笛》的作者曾经也是个牧童，他就是贺绿汀，5岁起就帮着家里干农活、放牛。他从小在一个非常艰苦的环境下长大，但就是这个伴随着连年水灾、旱灾和饥荒的孩子，在20世纪为中国现代音乐事业贡献了一生，创造了一个贺绿汀的音乐时代。

环节二：行为体验悟"牧童"

师：创作于1934年的《牧童短笛》闻名国内外。同学们想不想化身为一个个小牧童，跟着老师一起去体验一下贺绿汀爷爷是如何创作《牧童短笛》的？

生（合）：想！

……

1. 旋律歌唱体验。

师：通过聆听，第一乐段的速度和情绪使大家联想到晴空万里，牧童坐在牛背上悠闲地吹着笛子放牧的喜悦之情，中等的速度更能加深这种情感的表达。那么第一乐段的旋律有什么特点呢？让我们看着乐谱一起来唱一唱，请同学们思考在你演唱的过程中，碰到了哪些经常出现的音？（如图2）

生1：出现的比较多的有mi、re、sol、do、la。

师：同学观察得很仔细，我们会发现经常出现的音有do、re、mi、sol、la，而这构成了我们中国特有的五声音阶,因此在第一乐段中作曲家采用了"五声性旋法"进行创作。除此之外,我们也知道,钢琴的演奏离不开左手和右手,接下来让我们一起哼唱一下左手的旋律。同学们想想,在第一乐段中左右手的旋律是相互独立的,还是一只手为主要旋律另一只手伴奏呢?

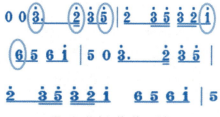

图2 《牧童短笛》第一乐段

生(合):双手是相互独立的。

师:很好,这是由两段或两段以上同时进行、相关但又有区别的声部所组成的旋律,其所用技法称为复调技法,该技法来源于西方。在乐谱中我们会发现右手节奏密集的时候左手宽舒,而左手节奏密集的时候右手宽舒,因此,这里采用的就是"你繁我简,你简我繁"的复调法则。接下来老师想请一位识谱能力比较强的同学和大家一起合作一下,这名同学唱灰色划线部分,其他同学唱黑色划线部分。请大家思考在所唱的旋律中起音和尾音有什么特点?(如图3)

图3 "鱼咬尾"技法演示

生2:我觉得我们和领唱的同学在演唱时总有一个音是重合的。

生3:领唱的同学最后的尾音是sol的时候,我们演唱的起音也是sol;我们演唱的尾音是mi的时候,领唱的同学的起音也是mi。

师:这种你的结尾是我的开头,我的结尾是你的开头的你追我赶的技法是我们江南丝竹音乐中的"鱼咬尾"技法,让我们再次体验一下⋯⋯在第一乐段中,既采用了西方的技法,又运用中国的特色技法加以融合,技法之高正是贺绿汀的过人之处。

2. 体态律动体验。

师：说到这里，老师还想到了一句诗："牧童遥指杏花村。"请同学们竖起你们的"牧童指"，跟着老师来体会一下第二乐段的特点，思考其速度和表达的情绪，并找找乐谱上出现了哪些音乐符号？（师生一起感受旋律线。）

生1：这一段比起第一乐段速度加快了，情绪也更欢快了，在乐谱上出现像波浪线一样的符号，每次经过时速度就特别快。

师：像波浪线的那个符号我们称为波音记号，并且在这段中贺绿汀运用波音记号成功地模仿了民族乐器笛子的声音。那么加上波音记号后音响效果有何不同，对于第一乐段所营造的画面发生了什么样的变化？请同学们跟着老师的演奏，手持笛子样，跟着音乐来动一动吧。

生2：第二乐段的装饰音使得牧童的形象更加活跃了，随着笛声舞动了起来。

3. 绘画抒情体验。

（三段乐曲均分析体验完毕。）

师：最后，让我们再次随着音乐，拿起我们的画笔，寄予你的情感，勾勒出你心中的"牧童"吧。

（教师在黑板上作水墨画，学生用彩色铅笔和蜡笔作画。）

生1：我所勾勒的牧童是以快乐为主题的，并且大家可以看到画面上每一株花草、每一片云朵都有着笑脸，我也希望我们的生活处处都有微笑。

生2：牧童给我的印象就是非常的真诚，我所画的是牧童和他的好朋友，还有牛坐在岸边聊天的情景，就是想描绘这种真诚待人的特点。

生3：我没有画牧童的形象，而是画了一幅日出的场景。我觉得我心中的牧童无论生活周遭如何，心中总是存有希望，自信而正气的。

师：同学们都特别有创意，那我也来谈谈我的构思。我用水墨画手法将第一、三乐段旋律描绘成了连绵的山丘和水波，把第二乐段的波音特点描绘成了自由欢快的小鱼，我心中的牧童正在祖国的好山好水的陪伴下茁壮成长！（如图4）

图4 老师画的"牧童"

环节三：世界舞台赞"牧童"

师：《牧童短笛》的诞生使得我们中国钢琴作品第一次走向了世界，也让我们记住了贺绿汀的名字。之后又牵引出了一个个杰出的中国作曲家和一部部动人心弦的中国钢琴作品，他们如同星光闪烁，在世界的舞台上展示着中国的魅力。下面让我们一起来回味一下（教师播放自制视频，根据相应片段解说）：这是气势磅礴的钢琴协奏曲《黄河》，由殷承宗、刘庄等6人改编，1971年殷承宗把《黄河》带到了欧洲，《黄河》走向了世界；这是优美动人的《彩云追月》，由王建中改编，郎朗把它带到了阿根廷的科隆大剧院，《彩云追月》走向了世界；这是明亮活泼的12手联弹《翻身的日子》，改编自储望华先生的钢琴独奏曲，2011年中国长春国际钢琴艺术节上被来自外国的钢琴家所演绎，《翻身的日子》走向了世界；这是热情而又浪漫的《在那遥远的地方》，由张朝改编，收录在李云迪的《红色钢琴》专辑中，这张专辑在全球发行，《山丹丹花开红艳艳》、《浏阳河》、《康定情歌》等诸多优秀的中国钢琴作品伴随着这张专辑走向了世界。看到这里，同学们心中有何感受？

生1：我觉得中国的钢琴作曲家们和钢琴演奏家们特别了不起，向他们致敬。

生2：我觉得很多的中国钢琴作品中都蕴含着我们中华民族的精神和地域特点，我们在课余饭后除了听流行音乐之外也应该主动去欣赏这类作品，提升一下我们的审美品味。

生3：我学习钢琴这么多年，但所弹奏的中国作品并不多。原来我们有那么多优秀的作品，其呈现的民族特点又那么鲜明，我真的非常想回家马上试试，也想告诉其他学琴的小伙伴要好好地传承下去。

师（总结）：牧笛扬华音，创作展国采。

四、成效评述

通过创设"牧童"这一情境，本节课的教学目标得到了有效落实。

一、以图画欣赏和诗歌朗诵作为教学导入，能够吸引学生的注意，给课堂注入中国的韵味。再由贺绿汀的童年生活经历引出课题，让学生们认识了这位"牧童"，提高了他们对《牧童短笛》的学习兴趣。

二、以行为体验作为教学主要手段,师生化身"牧童",在欣赏、歌唱、模仿、律动等的过程中,体验了复调、鱼咬尾等创作技法,切实感受到作曲家的高超创作技能。再运用音乐与姐妹艺术间的关系,引导学生根据音乐绘画,激发想象力,把对音乐作品本体体会到的内在情感通过其他表现方式加以显现和提升。

三、以视听的震撼作为教学的升华,通过自制视频让学生感受中国音乐家、中国钢琴作品走向世界的锋芒,以及背后所蕴含的中华民族"自信、自强"的精神,从而使他们能够喜爱中国的钢琴作品,并激发强烈的民族自豪感。

(上海市嘉定区曹杨二中附属江桥实验中学　吉丽萍)

案例 40: 线条情境凸显变化趋势

一、设计背景

人教版《数学(五年级下册)》第七单元第一课"折线统计图"的教学目标是:让学生认识单式折线统计图,了解其特点并能用其直观地表示数据;能看懂统计图内容并能进行判断和预测,掌握绘图方法;充分感受数学与生活的联系,认识到统计图和生活紧密联系,知道其在生活中也有着不同的用处,能从中清楚地看出所需要的信息。

二、设计创意

在教授本节课时,我特别注重数学与生活的联系。教材中提供了某市中小学生几年来参观科技展的人数,但我经过课前调研发现,学生没有集体去过科技馆,很多学生没有亲自参与过机器人的制作,对此没有经验,因此并不太感兴趣。于是,我决定选择学生熟知的身边的例子,这样他们会更乐于接受。新疆地大物博,其首府乌鲁木齐市的孩子希望全国全世界都能了解新疆,欢迎大家来新疆做客,这是非常好的素材。抓住这一点,我创设了阿里木大叔香梨批发站销售新疆特产库尔勒香梨的情境,并把销售情况用统计表和条形统计图呈现出来,进而引出单式折线统计图。此情境可以把学生主动探究的兴趣和积极性调动起来。

接着引导学生利用折线统计图来表示新疆的天气变化。新疆天气变化的特点是"早穿皮袄午穿纱,围着火炉吃西瓜",早晚温差大,因此要统计新疆一天的气温变化,折线统计图十分合适。当对折线统计图的增减变化的发展趋势进行辨析时,可以创设这样的情境:"××老师由于没注意天气变化而感冒了,正在医院。这里有老师一天体温变化的统计情况,同学们想看看老师病好些了吗?"最后还根据学校眼睛近视学生变多的现象,制作出一至六年级近视人数统计表。多种情境的创设,让孩子们充分地感受到折线统计图与生活的密切联系,也有助于学生热爱家乡、关心老师等情感的培养。

三、精彩过程

情境一:

师:同学们,我们新疆地大物博、物产丰富,是集观光旅游和美食品尝的好地方。这不,听说有国内外的宾客要来新疆参加国际冰雪博览会,阿里木大叔香梨批发站的库尔勒香梨销售很火啊!愿意去看看吗?

生:愿意。

师:从香梨批发销售情况统计表中,你们都获得了哪些数学信息?(如表1)

表1 阿里木大叔香梨批发站销售情况统计表

周次	第一周	第二周	第三周	第四周	第五周	第六周	第七周
数量(箱)	425	393	468	454	489	499	519

生:可以看出来这几周香梨批发的数量是多少。

师:为了更清楚地呈现每周的销售情况,我们可以用已经学过的条形统计图来表示。

(展示条形统计图,如图1。)

师:这就是条形统计图,它有什么优点?

生:从条形统计图中,除了能知道每周的销售量外,还能清楚地看出哪一周销售得多,哪一周少。

师(小结):对,从条形统计图中可以看出数量的多少,对于各周销数量多少的比较一目了然。

师:好,那我们用手势来比划一下这几周销售量的变化情况吧。

(设计意图:用手势呈现数量的变化情况,为折线统计图的形成与学习做好铺垫。)

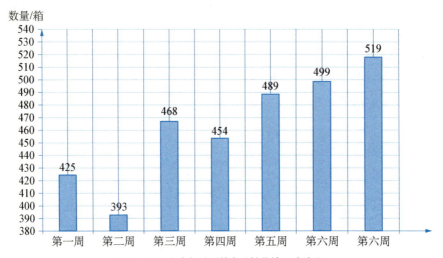

图 1　阿里木大叔香梨批发站销售情况统计图

生：我比划的数量情况像是一条波浪线。

师：刚才同学们的看法比较接近，我把大家比划的路线画出来，请同学们仔细观察，这就是我们今天要认识的"折线统计图"。（如图2）

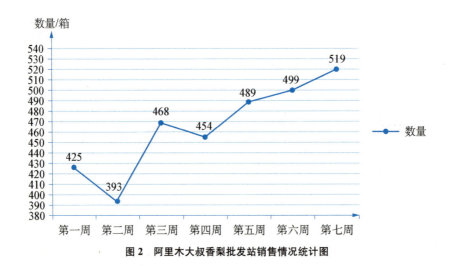

图 2　阿里木大叔香梨批发站销售情况统计图

师：请同学们仔细观察这两幅统计图，找一找它们的相同点。

(学生讨论：1. 条形统计图的数量是用什么表示的？折线统计图的数量是用什么来表示的？

2. 折线统计图有什么优势？你又能发现什么？)

生1：一个用长方形表示数量，一个用线段表示数量。

生2：从这两种统计图上都能看出数量的多少。

生3：从折线统计图上还能看出数量的增减变化。

师：折线统计图的特点是不仅能看出数量的多少，还能看出数量的增减变化。你们能预测一下下周的香梨销售情况吗？

生：香梨销售量会上升，上升就代表销售量会更好。

师：是不是所有的数量呈上升状态就一定代表是好的？下降了就一定代表不好？

情境二：

师：新疆的天气变化的特点有这么一句话："早穿皮袄午穿纱，围着火炉吃西瓜"。就是说我们这里早晚温差大，因此我们可要好好提醒来新疆旅游的客人要注意天气变化。那么要统计新疆乌鲁木齐市一天的气温变化，什么统计图最合适？

生：用折线统计图最合适。（如图3）

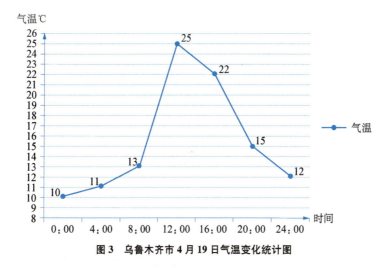

图3　乌鲁木齐市4月19日气温变化统计图

师：从图中你都读懂了什么？

生1：一天的气温在12点左右最高。

生2：气温最高25℃，最低10℃，温差15℃，非常大。

师：对的。用折线统计图，可以直观地显示气温变化特点。

情境三：

师：昨天，语文老师由于没注意天气变化，感冒发烧了，这是她在医院一天的体温变化统计情况，你读懂了什么？（如图4）

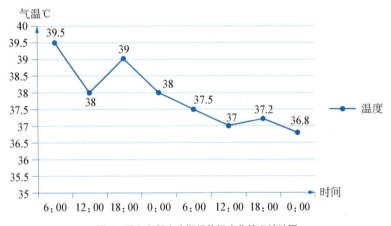

图4　语文老师生病期间体温变化情况统计图

生1：老师的体温最高的时候是6点。

生2：我看到老师病情好转了，因为体温下降了。

师：看来在这种情况下，折线呈下降趋势是好的。在我们实际生活中的折线统计图的发展趋势各有不同，代表的意思也不一样。

（教师呈现学校一至六年级近视人数统计图。）

师：这是我们学校一至六年级近视人数统计图，你又发现了什么？（如图5）

生1：一年级近视人数最少。

生2：六年级近视人数最多。

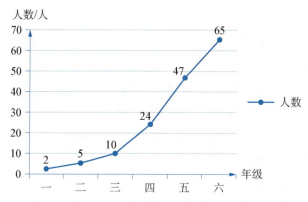

图5 乌鲁木齐市第五十六小学一至六年级近视人数统计图

生3：随着年级升高，近视人数在增加。

生4：太可怕了，我们可要好好保护眼睛呀！

师：看来在这种情况下，折线呈下降趋势也是好的，上升反而不好。

师（小结）：看来在我们日常生活中用到折线统计图的地方真的很多，我们要根据实际情况考虑统计图的趋势，要把数学和生活结合起来，这样学习数学才有价值。

四、成效评述

在教授本节课时，我注重了以下几方面：

第一，注重数学与生活的联系。数学教学必须由书本数学走向生活数学，因此需要对教材进行必要的加工和整理，选择与学生现实生活密切相关的情境和问题，把鲜活的题材引入教学中，赋予教材以新的内涵。依据学生的实际情况设计教学过程，这是我的第一想法。书中提供了某市中小学生几年来参观科技展的人数，经过课前调研发现，学生没有集体去过科技馆，对此不太感兴趣。如此看来，我觉得如果选择学生熟知的身边的例子，他们会更乐于接受，其兴趣和积极性更容易被调动起来，主动探究的欲望也会更强烈。

第二，注重在对比中体会单式折线统计图。在认识折线统计图的环节，我自认为较成功的一点是动画演示由条形统计图到折线统计图的过程，既使学生初步了解折线统计图的画法，又从整体上感知折线统计图的特点。在选择合适的统计图时，学生联系实际，调动已有的知识经验作出判断；并在这样的对比中，更深刻地感受到折线统计图的特点，对折线统计图有了更进一步的认识。

第三，注重让学生经历探索知识的过程。统计活动的过程不仅包括收集、整理和描述数据，而且还包括分析数据以及根据分析的结果作出简单的判断和预测。而其中的最后一个环节对于增强学生的统计观念、发展学生的统计能力是非常重要的。因此在教学中，我一方面注意突出单式折线统计图的特点，引导学生进行思考；另一方面还启发学生根据自身的生活经验，观察生活中见过的折线统计图，从图中得到信息，提出问题，解决问题。让学生在分析和交流中，进一步加深对单式折线统计图的认识，逐步提高识图和用图的能力，培养统计意识。

总之，统计是一个需要学生经历的过程，只有让学生经历了统计的全过程，才能体会到统计的意义和价值，感受到统计与生活的联系。在本课教学中，我通过情境创设，引导学生主动探究，把学习的主动权还给学生，提高了小组合作探究活动的效率。而且，只有这种基于学生身边的真实情境的合作讨论，才能真正让学生感受到数学与生活的联系，才能使之更好地把所学的数学知识合理地运用到生活中。

（新疆乌鲁木齐市第五十六小学　辛金阳）

后记

在基础教育课程改革深入推进的大背景下，课堂教学的文化及其在这种文化影响下的教学方式都在发生悄然的变化。其中一个突出的变化就是教师越来越少地把预设的知识直接通过传授的方式让学生记录和记忆，而是创设诸多联系学生生活经验和已有知识基础的鲜活情境，引导学生不断进行情境认知和知识建构，从而演绎出一段段有意义的学习旅程。

有效的情境教学有赖于教师真实且有创意的任务设计，以确保能够吸引学生积极地投身其中和沉浸其中，进入预设情境和角色状态。正是在这个意义上，可以说，情境是学习发生的触媒或催化剂。同时也正是因为有了情境，学习变得不再苍白和机械，而是充满了风景及风景所激发起的灵感。

在创设情境促进有效学习的实践探索过程中，广大地区和学校进行了卓有成效的探索，形成并积累了丰富的实践智慧。对这些弥足珍贵的经验及时进行梳理和总结，并促其在更大范围内的传播和引领，是本书创作团队的初衷。

《有效情境创设的 40 项设计》一书在展现通过海选最后正式选出的 40 项各具特色的创设情境案例的同时，还系统综述了国内外有关情境创设和情境学习的经典文献，并积极吸纳了扎根课堂的专题课例研究的规范成果。全书的内容表述深入浅出，包含的信息丰富。

《有效情境创设的 40 项设计》一书由上海市教育科学研究院教师发展研究中心的胡庆芳研究员策划，并负责整体的框架设计、章节作者的组织联络以及最终的统稿。具体的章节撰写情况介绍如下：

第一章呈现的是情境认知和情境学习研究方面的基本观点及其流派。第二章主要反映的是情境认知和情境学习的思想理论在基础教育课程改革过程中的体现和应用。第一章和第二章由苏州科技学院的杨翠蓉教授撰写。第三章第一节呈现的是一个以有效情境创设为专题的行动研究案例，比较生动地反映了理论指导实践的全过程，由上海市教育科学研究院胡庆芳研究员撰写;第三章第二节展示的是有效情境创设专题行动研究过程中课堂教学不断优化的三次设计,由上海市闵行区古美学校的朱雪珍老师撰写;第三章第三节描述的是参与有效情境创设专题行动研究的观课教师们的心得体会,由福建省厦门市西郭小学的杨琴琴老师和福建省厦门市园南小学的李力立老师撰写。第四章呈现的是40项各具特色的情境教学设计的案例,主要由上海市海事大学附属北蔡高级中学的马淑颖校长、上海市洵阳路小学的朱乃楣校长、奉贤区教师进修学院附属实验小学的何哲慧校长、上海市平凉路第三小学的郑小燕校长、虹口区教育学院实验中学的胡珍校长、上海市曹杨二中附属江桥实验中学的王建梅校长、上海市和田中学的盛毓校长、上海市黄浦学校的钱红校长、上海市淞谊中学的贺永旺校长、上海市三灶学校的丁建光校长、嘉定区普通小学的蔡艳萍副校长、嘉定区启良中学科研室的严志英主任、静安区闸北第二中心小学科研室的李芳主任、上海市嘉定区娄塘学校科研室的王新阳主任,以及新疆维吾尔自治区乌鲁木齐市沙依巴克区教育局的丁志雁局长组织撰写,其中,撰写每个案例的教师姓名及所属学校都已在正文中一一注明。

感谢华东师范大学出版社的彭呈军先生对我们书稿的认可及有益建议!感谢本书参阅到的各位论文的作者给本书的增色添彩!同时也感谢《中小学外语教学》杂志对书稿部分成果的采用发表!最后还要感谢书稿中所用的40项精彩设计的案例作者的实践原创!

最后,我们期待本书可以成为促进广大中小学及幼儿园教师精彩演绎情境教学设计并加以实施的一本参考指南,同时也期待专家和同行能针对本书给我们提出宝贵的意见和建议,Closetouch@163.com永远期待您智慧的声音!

胡庆芳

2017 年端午节于上海